古今桥梁艺术赏析

孙路 解海 李威 刘刚 编著

王志伟 主审

中国建筑工业出版社

图书在版编目（CIP）数据

古今桥梁艺术赏析 / 孙路等编著 . -- 北京：中国建筑工业出版社，2023.7
ISBN 978-7-112-28873-1

Ⅰ.①古… Ⅱ.①孙… Ⅲ.①桥梁工程—建筑艺术—世界 Ⅳ.①U44

中国国家版本馆 CIP 数据核字（2023）第 115040 号

责任编辑：黄习习　徐冉
责任校对：芦欣甜
校对整理：张惠雯

古今桥梁艺术赏析

孙路　解海　李威　刘刚　编著
王志伟　主审

*

中国建筑工业出版社出版、发行（北京海淀三里河路9号）
各地新华书店、建筑书店经销
北京光大印艺文化发展有限公司制版
天津翔远印刷有限公司印刷

*

开本：787毫米×1092毫米　1/16　印张：14¼　字数：293千字
2023年6月第一版　2023年6月第一次印刷
定价：68.00元
ISBN 978-7-112-28873-1
（41149）

版权所有　翻印必究
如有内容及印装质量问题，请联系本社读者服务中心退换
电话：（010）58337283　QQ：2885381756
（地址：北京海淀三里河路9号中国建筑工业出版社604室　邮政编码：100037）

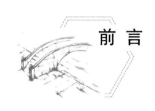

前 言

　　本书编著团队长期从事土木工程专业科学研究与教学，徜徉于桥的千姿百态、千变万化当中，特别有感于近年来中国的桥的技术与美的呈现，团队中的每一位成员心里都有一个萌动，想将桥的样态和它发展过程中的一切描绘出来，把专业技术与美的架构、文化的联系等综合表征传递给广大读者，让读者从多方位、多角度对桥加以欣赏和感悟。这就是本书编撰的初衷。从立意到最终截稿，本书的编撰持续了四年时间，其间团队成员为搜集资料、结构设计、内容呈现等绞尽脑汁，穷尽所能，力求尽善尽美；语言表达尽可能简洁、通俗易懂，兼顾专业阐述和诗性表达，希望让读者在品读中既能触摸到专业知识的脉络，又能发自内心地欣赏；以有心人的姿态，为广大读者立体式地解读桥的样貌和韵味，带来全方位的桥文化感知。

　　本书共有八个章节，按照桥的历史发展脉络依序循循道来，既独立成篇，又相互映照。无论是拱桥、梁桥、斜拉桥、悬索桥还是现代出现的刚架桥，桥的出现都与其时物质发展、科技进步、生活需求、地域风俗、图腾表现等紧密相关。因此，书中不仅描绘了桥的形态、特点、技术与功能，还探究和追寻了其背后的文化背景和内涵，希望从实用反观文化，再以文化审视桥的存在，借此在虚与实、动与静、古拙与飘逸、守朴与灵动中发掘不一样的桥，呈现不一样的力和美。

　　参与本书编著工作的有：湖州职业技术学院的孙路老师，哈尔滨科学技术职业学院的解海教授，哈尔滨学院的李威、刘刚老师。其中，第1、2、3章由孙路编著；第4章由解海编著；第5、6、7章由李威编著；第8章由刘刚编著。全书审核由黑龙江工商学院的王志伟教授负责。

　　本书在编撰过程中也得到了很多专家的指导和帮助。特别感谢胡镇彬老师，无偿提供了很多桥的拍摄照片，丰富了本书的内容。审视过往，在成书过程中仍然感到发掘的材料尚不够丰富，其中有资料损毁、记录不全的原因，也有翻阅古籍不足的情况，或多或少影响了书的深度；再者，由于专业功力有限，虽多次对书稿进行校验，难免有错漏之处，请各位专家批评指正。

一元复始，万象更新。本书即将付梓印刷，这是对我们过去辛勤付出的充分肯定，更是对未来阔步前进的最好鞭策。曙光就在前方，当下更需努力。

2023 年 4 月 24 日

目 录

第1章 跨越与嬗变——桥说 ··········· 1
1.1 什么是桥 ··········· 1
1.2 桥梁发展历程 ··········· 2
1.2.1 古代桥梁 ··········· 4
1.2.2 近代桥梁 ··········· 9
1.2.3 现代桥梁 ··········· 11
1.2.4 中国现代桥梁发展 ··········· 14
1.3 桥梁结构组成 ··········· 16
1.3.1 上部结构 ··········· 16
1.3.2 下部结构 ··········· 17
1.3.3 支座系统 ··········· 17
1.4 桥梁之美 ··········· 17
1.4.1 造型美 ··········· 18
1.4.2 功能美 ··········· 22
1.4.3 意境美 ··········· 23
1.4.4 形式美 ··········· 25

第2章 守成与突破——梁桥 ··········· 27
2.1 梁桥的由来 ··········· 27
2.1.1 文献中梁桥的称谓 ··········· 29
2.1.2 文献中有名的梁桥 ··········· 32
2.2 梁桥的发展 ··········· 34
2.2.1 木梁桥 ··········· 35
2.2.2 石梁桥 ··········· 42
2.2.3 钢梁桥 ··········· 45
2.2.4 钢筋混凝土梁桥 ··········· 49

2.3 梁桥的受力特点·······················53
    2.3.1 简支梁桥·····················53
    2.3.2 连续梁桥·····················54
2.4 梁桥的美学设计·····················54
    2.4.1 主梁形态·····················55
    2.4.2 桥墩·························56
    2.4.3 桥台·························57
    2.4.4 栏杆·························57
    2.4.5 其他构件·····················58
    2.4.6 梁桥美学设计要点·············59

第3章 古风与凌云——拱桥·······················62

3.1 拱桥的由来·························62
    3.1.1 天生拱·······················63
    3.1.2 土穴说·······················65
    3.1.3 陶瓮说·······················66
    3.1.4 叠涩说·······················67
    3.1.5 折边说·······················68
3.2 拱桥的特点·························70
    3.2.1 拱桥的受力特点···············70
    3.2.2 拱桥的组成···················70
3.3 拱桥按材料的分类···················72
    3.3.1 石拱桥·······················73
    3.3.2 木拱桥·······················79
    3.3.3 钢拱桥·······················82
    3.3.4 钢筋混凝土拱桥···············84
    3.3.5 钢管混凝土拱桥···············86
3.4 拱桥的美学设计·····················90
    3.4.1 主拱形态·····················90
    3.4.2 主拱与桥面的相对位置·········91
    3.4.3 拱桥的桥台与桥墩·············92
    3.4.4 各类拱桥的美学特征···········92

第 4 章 技术与变革——刚架桥 ··················94
4.1 刚架桥的由来 ··················94
4.2 刚架桥的特点 ··················95
4.2.1 刚架桥受力特点 ··················95
4.2.2 刚架桥的结构形式 ··················95
4.3 刚架桥的美学设计 ··················100

第 5 章 刚柔与飞跃——斜拉桥 ··················102
5.1 斜拉桥的由来 ··················103
5.1.1 斜拉桥的起源 ··················103
5.1.2 斜拉桥的雏形 ··················104
5.1.3 古代斜拉桥 ··················106
5.1.4 现代斜拉桥的诞生 ··················110
5.2 斜拉桥特点 ··················111
5.2.1 张弛有度 ··················111
5.2.2 刚柔并济 ··················112
5.2.3 顶天立地 ··················113
5.3 斜拉桥的发展 ··················114
5.3.1 现代斜拉桥发展的里程碑 ··················114
5.3.2 现代斜拉桥的发展趋势 ··················118
5.4 斜拉桥形态赏析 ··················119
5.4.1 分类 ··················119
5.4.2 形式各异的现代斜拉桥 ··················119
5.4.3 形式独特的斜拉桥 ··················129

第 6 章 浑然与崎岖——悬索桥 ··················134
6.1 悬索桥的由来 ··················135
6.1.1 悬索桥的起源 ··················135
6.1.2 悬索桥的雏形 ··················137
6.2 古代悬索桥 ··················139
6.2.1 中国古代著名悬索桥 ··················139
6.2.2 西方古代悬索桥 ··················146
6.3 现代悬索桥 ··················154

    6.3.1 中国现代悬索桥发展 ·············· 154
    6.3.2 国外现代悬索桥发展 ·············· 158
  6.4 回顾与展望 ···························· 161
    6.4.1 探索与突破 ························ 161
    6.4.2 未来王者 ··························· 165

第7章 唯美与简约——桥梁装饰 ············ 167
  7.1 桥梁装饰起源 ························ 168
  7.2 桥梁装饰形式 ························ 170
    7.2.1 桥梁入口装饰 ······················ 171
    7.2.2 桥上栏杆装饰 ······················ 172
    7.2.3 桥拱装饰 ··························· 175
    7.2.4 桥梁装饰 ··························· 176
  7.3 桥梁装饰文化表现 ··················· 177
    7.3.1 民族符号 ··························· 179
    7.3.2 地方风格 ··························· 183
    7.3.3 时代记忆 ··························· 187
    7.3.4 历史情结 ··························· 191

第8章 现实与梦幻——桥梁诗词 ············ 196
  8.1 穿越时空活在诗词里的桥 ········ 196
  8.2 爱在诗词里的桥 ····················· 198
  8.3 美在诗词里的桥 ····················· 201
    8.3.1 美名天下的桥 ······················ 201
    8.3.2 难以忘怀的桥 ······················ 204
    8.3.3 成为历史见证历史的桥 ·········· 209
  8.4 住在诗词里的桥 ····················· 215

参考文献 ··· 218

图片说明 ··· 219

第1章
跨越与嬗变——桥说

古往今来，桥作为一种道路的特别补充形式而遍布于世界各地。当地面的路走到尽头时很可能就会看到桥。

几千年来，桥梁的发展不但在实用性方面有了极大的改进，其建筑艺术所带来的观赏性也有了极大的提升，"桥文化""桥梁艺术"等概念随之衍生而出。如今，桥已经是建筑、艺术与科技的融合体。

古时，一座桥反映一种地方文化；现代，桥梁建筑像很多行业一样都走向了世界各地，全新的设计完全没有了国家、地区的疆界，也完全不局限于跨越通行的目标，很多大胆的设想、奇妙的构思、超凡的精美，依托现代科技的力量得以实现——一座座桥中精品相继诞生。

回望古今，桥梁绝不仅仅是给我们的出行带来了便利，它还给人类留下了很多美的享受。大量充满艺术色彩的桥梁精品，令一代代人赏心悦目，赞叹不已。

人生有限，行程有限，视野有限，让我们一起从"古今桥梁艺术赏析"中来览赏更多的"桥梁之美"吧。

1.1 什么是桥

说到"桥"，人们都不会陌生。要问什么是桥，很多人又未必回答准确。借助现代著名桥梁专家茅以升先生对"桥"形象、生动的诠释，可以更好地理解桥的含义，解读为下文。

如果说，"能使人过河，从此岸到彼岸的东西就是桥。"不一定，船也可以。

如果说，"能使人越岭，从这山到对山的东西就是桥。"不一定，直升机也可以。

如果说，"桥是固定的，人可以在桥上走过一段水面。"不一定，堤坝也可以。

有人问，"依山傍势修建的通道是不是桥？"也不是，它是一种栈道。

有人问，"每隔一步一个石阶的形式是不是桥？"也不是，它没有连续的桥面，不成路，不为桥。

那么，到底什么是桥？

《现代汉语词典》中解释为：（1）架在河面上，把两岸接通的建筑物；（2）比喻能起沟通作用的人或事物。

英国《牛津现代高级英语双解词典》中解释为：用木、石、砖、钢、混凝土等做成的，让道路跨越河流、运河、铁路等的建筑物。

美国《韦氏大词典》中解释为：（1）让道路跨越洼地或障碍物的结构物；（2）衔接或过渡的时间、空间或手段。

桥梁领域的定义为：采用钢、混凝土等材料建造的、供车辆和行人等跨越障碍的工程结构物（这个障碍可能是河流，或山谷，或道路等）。

简洁的定义为：跨越障碍的通道。

总结看来：桥，就是将具有一定水域或空间间隔的两个或多个端点连在一起，并能够行人或走车的架空通道。可见，桥要符合两个要素：跨越性——借跨越实现连接；实用性——供人车出行所用。

1.2　桥梁发展历程

在中国地形图上，鲜明的海拔差异跃然纸上：西部是高耸的高原山地，东部是广袤的丘陵平原。呈阶梯状分布的地势，使我国大多数河流流向为自西向东。

发自青藏高原的黄河、长江、澜沧江等河流，顺势逐级而下，在上游"劈开"山体，形成崖壁陡峭的嶂谷。

马岭河大峡谷（图1-1）是喀斯特地貌，水流从源头到流入万峰湖，落差千米。在流水不断冲刷、切割的作用下，硬生生地在耸立的峰林间扯开了一条地缝，形成了这近百公里长的大峡谷。马岭河大桥一桥飞架峡谷，让人慨叹于人类改变自然的能力。

第 1 章
跨越与嬗变——桥说

图 1-1
马岭河大峡谷

图 1-2
澜沧江大峡谷

澜沧江，这条发源于青海省玉树藏族自治州杂多县的大河，流出国界后又称湄公河，为缅甸—老挝的界河，途经缅甸、老挝、泰国、柬埔寨、越南，是亚洲流经国家最多的河，被称为"东方多瑙河"。澜沧江大峡谷（图1-2）不仅以谷深而长闻名，且以江流湍急而著称。冬日清澈而流急，夏季浑浊。从江面到顶峰的坡面距离为14公里，每公里平均上升337米，使峡谷背面呈近垂直状态。再加上流水落差悬殊，真可谓"隔河如隔天，渡河如渡险"。

还有一些被高山包围的村庄，过多的天堑阻挡了人们的交通、交流，甚至出路。人们究竟该如何才能跨越这一切？

地形、地貌的缺欠挡不住人类前行的脚步，跨越的念头孕育了"桥"的诞生。桥梁经过了数千年的发展，呈现在人们面前的有五种基本形式，即梁桥、拱桥、刚架桥、斜拉桥和悬索桥。它们的起源，仰仗于大自然的赐予和启发；它们的成长，取决于工程技术的发展和科技进步。按照时间发展的逻辑，桥梁发展历程可分为古代、近代和现代三个时期。

1.2.1 古代桥梁

从人类有历史记载到17世纪中期，是古代桥梁时期。这一时期，一般采用木材、石材等材料建造桥梁，桥梁结构中的基本形式，如梁桥、拱桥和悬索桥，均已出现。

此时桥梁的规模和跨度很小，但造桥技术已有了较大发展。结构形式在梁、拱、索基础上出现了新的形式，如桁架结构。采用的材料也不单单直接取之于自然，而是出现了一些人工材料，如西方造拱桥时开始用砖；中国的索桥也出现了铁链桥。古代桥梁建造技术主要靠师徒之间口传心授，还没有出现现代工程师的概念，桥梁的设计、建造主要靠一代又一代人的经验总结；施工设备相对简陋，主要靠的是肩挑手提。尽管如此，世界各民族对桥梁的创造还是从未停止，特别是古代中华儿女的桥梁技艺让当代人也惊叹不已。

1. 石桥

中国石桥，建筑雄伟，构造壮丽。石桥的主要形式是石拱桥，最为古今中外所推崇。在中国出土的东汉画像砖中（图1-3），就刻有拱桥图形。

图 1-3
东汉画像砖中的拱桥

中国古代石拱桥拱圈和墩一般都比较薄，相对轻巧，桥形精美华丽。

颐和园西堤上的玉带桥和园内的绣漪桥是一对"姐妹桥"。玉带桥在昆明湖的西北，是昆明湖的进水口；绣漪桥（图1-4）位于昆明湖的东南，是昆明湖的出水口和长河的起点。两桥桥型均为两端添加双向反弯曲线组成波形线，拱形桥面腾空隆起，宛如驼峰高耸、玉带飘扬、线条流畅，只是绣漪桥尺寸较玉带桥略小。这两座皇家宫苑桥梁紧邻昆明湖、遥对万寿山，朝如长虹卧波、夕似玉带揽月，给人以恬静悠闲之感。

绣漪桥正中的栏杆上镌刻着乾隆皇帝手书的"绣漪桥"匾，两面刻有乾隆御笔所题的对联：螺黛一丸银盆浮碧岫，鳞纹千叠璧月漾金波（南面）；路入阆风云霞空际涌，地临蓬岛宫阙水边明（北面）。

图 1-4
北京颐和园绣漪桥

罗马时代，欧洲建造拱桥较多，如公元前200～公元200年间在意大利罗马台伯河建造了8座石拱桥。拱桥多为半圆拱，跨径不超过25米，墩很宽，约为拱跨的三分之一。现存于法国南部尼姆、建于公元前1世纪的加尔德引水桥（Pont du Gard）（图1-5、图1-6），是一座朴实率真的建筑，它被称为古罗马时期的"泉水精灵"。这座高架桥是50千米长的输水渠道的一部分，是一个纯粹的结构工程，将一条水"背"过河谷。这个纯粹功能的3层拱形结构雄伟，比例均匀、协调，色泽鲜明（用黄色石料砌成），和青山、绿水、蓝天构成色彩美丽的图画。

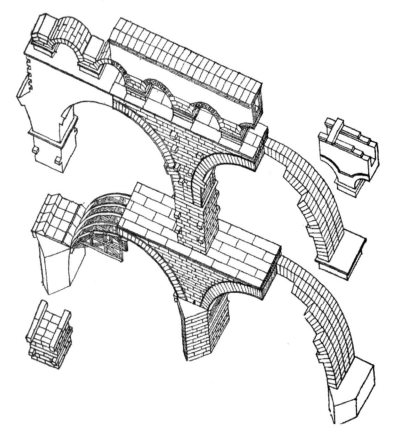

图1-5

法国尼姆加尔德引水桥剖析图

意大利威尼斯的里亚托石拱桥（Rialto Bridge）（图1-7）是14—16世纪文艺复兴时期桥梁的代表作。该桥用大理石装饰，雕凿精美，线条流畅。桥上设有商店，其建筑风格与周围建筑相一致。游人从商店走过时，几乎感觉不到身在桥上。远远看去，桥隐藏于周围建筑群中，与环境融为一体，让人感觉不到桥的跨越功能。

2. 木桥

早期木桥多为梁桥，如秦代在渭水上建的渭桥，就是多跨梁桥。

第 1 章
跨越与嬗变——桥说

图 1-6
法国尼姆加尔德引水桥

图 1-7
意大利威尼斯里亚托石拱桥

　　桥梁就是在不断满足人们对功能的需求之下,建造技术日趋高超。第一个是发展深水基础,第二个是发明新的桥式,使之日新月异。木梁桥跨径不大,为解决这一问题,中国古代匠人采用叠加木梁的方法,制作了伸臂木桥。公元308—313年,甘肃省跨黄河曾创造过50米桥跨木伸臂梁的记录。印度、巴基斯坦、日本和某些南美洲国家亦有木伸臂梁桥。木桥寿命不可能太长,这些桥一般建于18—19世纪,之后经过多次维修或重建,不少都已成为文物保护对象。

国内外都有木料拼接搭成的拱桥,主要目的是加大桥梁的跨度。木料既能耐压,也能造拱桥,但造拱的方法和石拱不相同。罗马帝国在特拉杨大帝时势力最强盛,在罗马特拉杨石柱浮雕画中(图1-8),雕刻记载了其征服达西亚(约今匈牙利)时,罗马军团艰难地利用浮桥和栈桥跨多瑙河的情形。公元前104年建造的多瑙河上的特拉杨木拱桥共有21孔,每孔约36米。

图1-8

特拉杨木拱桥的石雕砖

中国有世界上特有的木拱桥——虹桥、飞桥和贯木拱桥。九百多年前,宋朝都城汴京(现河南开封)汴河上建有木梁柱桥,每当发洪水时,运粮和载货的重船经常撞折桥柱,船、货也受到损坏。当时安徽宿州的地方官陈希亮,创造了一种用木料穿插搭架起来的木拱桥,用绳子捆绑,可以不用铁钉。在桥上横铺木板,再加上栏杆,桥梁坚实可行,解决了河中不用桥柱的问题。当时,山西、河南、江苏、山东的汾水、汴水、泗水、清水上到处建造这种"飞桥"。北宋画家张择端画了《清明上河图》,画中便有那座名为虹桥的"飞桥"(图1-9)。

图 1-9
《清明上河图》中的虹桥

1.2.2 近代桥梁

18世纪到第二次世界大战期间,是近代桥梁的发展时期。英国的工业革命,使欧洲科技迅速发展。伴随着钢材性能的挖掘和水泥的诞生,19世纪70年代,钢筋混凝土桥建成。近代桥梁按建桥材料,划分为木桥、石桥、铁桥、钢桥和钢筋混凝土桥。

1. 近代铁桥

铁桥包括铸铁桥和锻铁桥。铸铁的材质比较脆,适宜受压,不适宜受拉,适宜作拱桥的建造材料。1779年,世界上第一座铸铁拱桥——科尔布鲁克代尔桥(Colbrookdale Bridge)诞生(图1-10),标志着西方完全用天然木、石材料建造桥的历史结束。

图 1-10
英国科尔布鲁克代尔桥

1801年,伦敦泰晤士河上设计了跨度长达183米的铁拱桥。桥梁线型简洁，一跨过河，代表着18世纪西方建桥技术的最高成就。然而由于某种原因，这座桥并未建成。

铁路因吊桥刚度不足而采用桁桥。19世纪中以后，相继建立起来的桥梁结构分析理论推动了桁架桥的发展，并出现多种形式的桁梁。但那时对桥梁抗风的认识不足，桥梁一般没有采取防风措施。1879年12月，大风吹倒了才建成18个月的英国邓迪市泰伊大桥（Tay Bridge），正是由于桥梁没有设置横向连续抗风构造而造成的。

世界上第一座不用铁链而用铁索建造的吊桥，是1834年建成的瑞士弗里堡桥（Fribourg）。这座桥用2000根铁丝就地放线，悬在塔上，锚固于深18米的锚碇坑中。

2. 近代钢桥

19世纪是钢桥的世纪。1850年英国建造的世界第一座用熟铁铆接的布列坦尼亚桥（Britannia Bridge），1883年建成的气势磅礴、宏伟壮观、形态优美的美国纽约布鲁克林桥（Broklyn Bridge）（图1-11），1890年建成的巍峨雄壮的"巨无霸"悬臂桁架桥——英国福斯桥（Forth Bridge）（图1-12），可以说是三座里程碑式的钢桥。它们标志着桥梁的最大跨度已经从19世纪初的200米突破到了500米。

新型高强材料的诞生，使近代桥梁桥型精炼刚劲，桥面更加轻巧，刚柔并济。

图1-11
美国纽约布鲁克林桥

图 1-12
英国福斯桥

3. 近代钢筋混凝土桥

在几千年前，东西方人类都知道利用煅烧过的石灰和石膏生产初级的水泥来砌墙、砌拱桥。法国园艺家莫尼埃首次造了一座只有 16 米桥跨的人行桥，并于 1890 年在德国不莱梅工业展览会上展出了一座跨径 40 米的人行钢筋混凝土拱桥。用钢筋混凝土代替石料修拱桥，虽然增加了使用的模板，但加工起来却比石砌拱容易得多，整体性也比石砌拱桥要好。钢筋混凝土的可塑性好，可以创造出不同于石拱结构的拱桥造型。

1.2.3 现代桥梁

20 世纪 50 年代以后，现代桥梁开始发展。尽管 20 世纪中发生的两次世界大战使人类文明遭到惨重的破坏。但在战后各国人民为重建家园而大兴土木，预应力混凝土和高强度钢材相继出现，桥梁工程也取得了巨大的成就。现代桥梁按建桥材料可分为预应力钢筋混凝土桥、钢筋混凝土桥和钢桥。

1. 预应力混凝土桥

第二次世界大战之后，法国要修复大量的桥梁，但是缺乏钢材。法国工程师弗雷西内经过 20 年的研究，用高强钢丝和混凝土制成预应力钢筋混凝土。这种材料克服了钢筋混凝土易产生裂纹的缺点，改变了混凝土桥梁的施工方法。

2. 现代钢筋混凝土桥

20 世纪 60 年代开始，国内外都追求更大跨度和施工方法的革新，修建了多座较大跨径的钢筋混凝土拱桥，如 1963 年通车的葡萄牙亚拉达拱桥，跨径达到 270 米。

1964年，中国创造建成了钢筋混凝土双曲拱桥。双曲拱桥之所以在当时流行，是因为当时中国的经济条件决定了各地"修不起昂贵的桥"。而双曲拱桥的建造，有施工周期短、施工方便、造价低和承载能力高等优点，采用双曲拱桥的建筑形式，桥梁所需钢筋量少，非常符合当时的国情。1972年，长沙橘子洲大桥（图1-13、图1-14）就是在这样的建造背景下建成的。橘子洲大桥具有民族风，是一座17孔双曲拱桥，其中大孔跨径76米，小孔跨径50米，总长1250米。

图 1-13

湖南长沙橘子洲大桥

图 1-14

湖南长沙橘子洲大桥拱下局部

　　20世纪70年代，国内外又推出了新的拱桥形式，其中之一就是刚构拱，将拱上的柱与桥面梁结合起来，起到刚构的作用，减少了拱受的推力，产生了新的艺术效果。

3. 现代钢桥

随着强度高、韧性好、抗疲劳和耐腐蚀性能好的钢材出现，钢桥有了很大发展。1951年联邦德国建成的杜塞尔多夫至诺伊斯桥，是一座钢箱梁桥，跨径206米。

现代钢斜拉桥也登上历史舞台。第一座钢斜拉桥是瑞典建成的斯特伦松德桥（Stromsund Bridge），建成于1956年，最大跨径为182.6米。这座桥的斜拉索在塔左右各两根，由钢筋混凝土板和焊接钢板梁组合作为纵梁。

同期，由于莱茵河河面宽度适合建造300米左右跨度的桥梁，德国出现了建造斜拉桥的趋势。斜拉桥这一新型桥梁以其多姿多彩的造型、方便的施工和经济的造价，迅速向全世界传播。

钢和混凝土混合的斜拉桥，成为20世纪大跨度桥梁的主要桥型。它使第二次世界大战前常用的一些大跨度钢桥，如钢拱桥和钢桁架桥在竞争中失败，还迫使悬索桥向更大跨度方向退让。目前，斜拉桥在200~800米跨度的大范围内显示出强大的优势，但在大跨度方面，斜拉桥是没有办法和悬索桥相比的。

二战之后，悬索桥技术也不断进步。1964年建成的英国苏格兰福斯海湾桥（Forth Road Bridge），最大跨度1006米，虽然长度没有美国麦基诺海湾桥长，但体量更轻。1998年，跨明石海峡的目前世界上跨度最大的经典式公路悬索桥——明石海峡大桥（图1-15），在日本建成，桥中最大跨度达到1990米。

图 1-15

日本明石海峡大桥

1.2.4 中国现代桥梁发展

如今，中国桥梁已走在了世界桥梁发展的前列。让我们从世界各国大桥总长度这一视角，去看看中国现代桥梁的发展。

依据维基百科"全球大桥列表"数据，对 3000 米以上长度的桥梁统计（包括已在建但还没完成的项目），从 1900 年开始统计，并列举出每一年度世界大桥前 10 位。

1900 年，只有美国、印度和罗马尼亚出现超过 3000 米的大桥。

1957 年，武汉长江大桥通车，全长约 1670 米，中国未出现在榜单上。

1968 年，南京长江大桥通车，中国首次出现在排名前 10 位的榜单上。此时，美国排名第一；日本位居第二，虽然与美国差距很大，但仍然遥遥领先其他国家。此后，中国陆续开始了大桥的建设。

20 世纪 80 年代以后，随着中国改革开放的深入发展，桥梁建设进入了一个空前发展的时期。中国有了充足的建设桥梁的资金和物质条件。1988 年，中国第一座主跨 180 米的大跨度预应力混凝土连续刚构桥——广州洛溪大桥建成。

1991 年，上海市区第一座自行设计、建造的斜拉桥——南浦大桥建成通车。中国大桥总长度已经位列世界第三，但与当时的日本和美国仍有数倍的差距。中国开始了桥梁快速发展和建设的时期。

1995 年，中国首次突破混凝土拱桥 300 米的跨度大关——江界河大桥建成，一举成为当时世界最大的桁式组合拱桥。

1997 年，中国第一座大型悬索桥——虎门大桥正式通车。

1999 年，中国首座跨径超千米的江阴长江大桥建成。

2000 年，中承式钢管混凝土拱桥——广州丫髻沙大桥竣工，其主跨跨度为当时世界同类桥梁首位。此时，排行榜上前两名位置仍然是发达国家，但中国作为新角色已经逐渐在桥梁舞台上崭露头角。

2002 年，中国世界跨度第二的钢结构拱桥——上海卢浦大桥正式通车。

2004 年，江苏润扬长江大桥建成。该桥是当时国内工程规模最大、建设标准最高、投资最大、技术最复杂、技术含量最高的现代化特大型桥梁工程，是第一座刚柔相济的组合型桥梁。此时，中国已超越美国位居世界第二。

2005年，中国跃居大桥建设总长度世界第一，超越日本成为世界第一大国。

2008年，杭州湾跨海大桥全线贯通。

2009年，世界最大跨径斜拉桥——苏通长江大桥通车。

2009年，当时世界跨径最大拱桥——重庆朝天门长江大桥正式通车。

2010年，青岛胶州湾主桥贯通。

2011年，丹昆特大桥通车。

2012年，湖南矮寨大桥通车。

2016年，云贵北盘江大桥通车。

2018年，世界最长跨海大桥——港珠澳大桥正式通车。

2020年，中国大桥总长度已经超过1300余万米，稳稳站在世界榜首，超第二名日本1200万米长度之多（图1-16）。中国建设大桥，不是为了争榜首，从来都是为民生之利。我们在享受便利的同时，背后凝聚的是中国桥梁人的心血和勇往直前的精神。从20世纪到21世纪，从落后到位居世界前列，中国人民为祖国在桥梁建设中取得的成就感到骄傲。

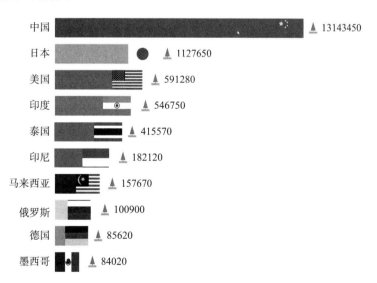

图1-16

2020年世界各国大桥总长度排名（单位：米）

截至2020年，我国建成的公路桥和铁路桥总数超过百万座，成为世界第一桥梁大国，并创造出许多世界桥梁新纪录（表1-1）。

表 1-1 中国桥梁记录（截至 2020 年）

类型	中国桥梁占有
世界十大大跨径斜拉桥	7 座
世界十大大跨径悬索桥	5 座
世界十大最长桥梁	5 座
世界十大跨海大桥	6 座
世界十大大跨径拱桥	3 座
世界十大高桥	8 座

1.3 桥梁结构组成

桥，是由哪几部分组成的呢？让我们来了解一下。

古代的桥，结构相对简单；现代的桥，体形越来越大，结构越来越复杂，所以关于桥的结构组成也有很多不同的说法。按照常用的分类方法，一座典型的桥梁结构包括三部分，即上部结构、下部结构和支座系统（图 1-17）。

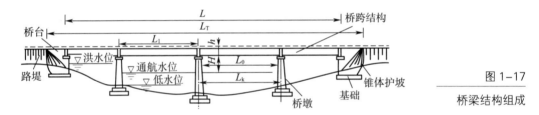

图 1-17 桥梁结构组成

1.3.1 上部结构

桥的上部结构，包括桥跨结构和桥面结构。

桥跨结构是桥梁中直接承受桥上交通荷载、架空的主体结构部分，是完成桥梁跨越的重要部分，也是最直接体现桥梁意义的部分。对梁桥而言，其主体结构是梁；对拱桥而言，其主体结构是拱；对斜拉桥和悬索桥而言，其主体结构是索和缆。

桥面构造是保证桥跨结构能正常使用而建造的桥上各种附属结构或设施，包括行车道路面铺装、人行道、安全带（护栏）、排水防水系统、伸缩装置、路缘石、栏杆、照明设施等。桥的附属结构，常常会给人们带来额外美的享受。如栏杆，除服务于全桥的功能作用而要求的稳定、安全外，栏杆的造型美还是桥梁美学的重要组成部分。我国古代桥梁就非常注重栏杆的造型。

1.3.2　下部结构

桥的下部结构，是指桥梁位于支座以下的部分，也叫支承结构，包括桥台、桥墩和基础三个部分。

桥台设在桥跨结构的两端，起到与路堤衔接、防止路堤滑塌的作用。为此，通常需在桥台周围设置锥体护坡。

桥墩分设在两桥台之间。在组成桥的各个"兄弟"之中，桥墩可谓是"领军人物"。为什么这么说呢？我们先思考一个问题，建造一栋大楼最重要的一步是什么？那就是坚固的地基，只有这样，才能保证大楼的稳固。同样，一座坚固的桥梁绝对离不开桥墩的支撑。如果没有坚固的桥墩，整座桥梁就会像缺少了双脚，悬在半空之中，人和车辆走在上面将是多么的危险啊！因此，桥墩的主要作用就是支撑横梁自身与车辆、行人的重量。

基础是承受全部荷载并将其传递给地基的部分，因此需要埋入土层之中或建筑在基岩之上。桥的基础位于桥的最下部，通常埋于土下，它要将整个桥的重量平稳地传到地壳表面，是承接桥建筑结构和地基的中间部分，也是保证桥梁结构安全的最关键部分，通常在外观上看不到，属于桥结构中的无名英雄。

1.3.3　支座系统

支座是桥的上部结构与下部结构之间的接触点、过渡点，若干支座合称为支座系统，起着承上启下的作用。支座要按照设计要求，在温度变化和各种外力荷载的影响下，具有一定范围内的位移和形变的能力，这样可以保证桥的上、下部结构始终保持良好的结合。

此外，作为一座完备的桥梁，一些具有服务功能的部分也是必不可少的。桥面铺装，要求平整、耐磨、不渗水；排水防水系统，要求排水迅速，不漏水；栏杆，保障通过的人、车安全，要有一定的观赏性；伸缩缝，允许桥在各种因素下微小变形且不影响通过；灯光，起照明作用，可形成景观。

1.4　桥梁之美

人们最初从形式上模仿自然界建桥，获得了小的成功。但真正使建桥技术大发展的原因还是人类学会了更多、更好地利用力学原理来破解桥梁建造中所遇到的难题，加之建筑材料的创新和建筑理念的更新，使得桥梁建筑的规模越来越大，形式越来越多样化。

古今中外很多桥梁设计者在保证桥的通行功能的基础上，不忘赋予桥越来越多的美感。优雅的线条、精美的身影、精巧的造型，使一座座桥成了一个个精美的建筑艺术品，极具观赏性。

桥不论大小、不论古今，都可以展示出美的韵味。

大桥，显露着雄伟、高大之美，跨越感更强，也易在造型方面有所突破。

小桥，蕴含着清秀、典雅之美，融入周边环境中，美轮美奂，入画感极强。

古桥，古朴沧桑，或有些粗犷，颇有历史感。

新桥，现代、简约、细腻，极具时尚风采。

桥梁之美是多种多样的。有的桥以造型上别开生面、独具一格的特点而吸引人们的眼球；有的桥与周边环境有机融合，相互陪衬，美得令人流连忘返；有的桥留下了感人的故事而流芳百世……让我们从造型美、功能美、意境美和形式美等角度来欣赏一下桥梁带给我们的美感。

1.4.1 造型美

很多桥，尤其是近现代的桥，仅凭其精美的外观形状就足以吸引众多路人的驻足。

竖琴之桥——西班牙阿拉米罗大桥（Alamillo Bridge）（图1-18），形似西洋乐器中的竖琴。它的结构非常独特，主桥部分没有一个桥墩，全长200米的主桥身完全由一个142米高、倾斜约58°的斜拉梁通过13对钢链拉住，利用倾斜桥塔的自重代替斜拉桥的后部钢索，形成极具轻盈感的结构。整座大桥犹如一把竖琴，典雅美观，散发着高雅的神韵。

关于这座鬼斧神工的大桥还有一段小插曲，原本在设计这个桥的时候，还有一座完全一样、对立在旁的桥。就是说，原计划中阿拉米罗大桥是一对的，但最后，存在着的只有原来方案的一半，没有了对称的另一半。也正是这种不平衡、不对称，反而成就了它的完美。

荷兰伊拉斯谟斯大桥（Erasmusbrug Bridge）（图1-19）以"天鹅桥"的美称闻名于世，拥有简洁利落的外形，雪白的桥身修长挺拔，像一只优雅的白天鹅高贵地游荡在马斯河上。这座斜拉索桥连接着鹿特丹城市的北部和南部。大桥单臂高达139米，以美妙的姿态跨越了 800 余米的距离，是当时世界上最长的斜拉索桥。这座单向斜拉式大桥将钢索悬挂在塔门上，弯曲着抵抗拉力，支持着桥身。大桥于 1990 年开建，落成于 1996 年，拥有 2600 级阶梯和数条大道，车辆、电车、脚踏车、行人及溜滑板的运动人士都可以自由通行，可谓荷兰人实用主义精神的杰出代表。"天鹅桥"建成之初不仅是世界上最长的斜拉索桥，也是荷兰最高的桥。

图 1-18

西班牙阿拉米罗大桥

图 1-19

荷兰伊拉斯谟斯大桥

位于新加坡滨海湾新市区的双螺旋桥 (Double Helix Bridge)（图 1-20），被设计师赋予了"生命与延续、更新与成长"的建筑理念。

这座世界首创的人行桥，采用不锈钢钢管建造了两条相互缠绕的螺旋曲线，它的结构就像是人体 DNA 的几何原型再现，盘旋而成的主体结构长 280 米、宽 6 米的核心结构，可同时容纳 1.6 万人。双螺旋结构让大桥使用的钢材只有传统箱梁桥的 1/5，而之所以能够如此轻巧，正是因为将原本的力学系统转换成"拱＋悬索张力系统"的结构魅力。所有的张力用细细的拉索来张拉，所有的压力用螺旋拱的钢管来予以受压。就这样，双螺旋桥的生生不息概念，结合了结构的悬吊概念得以实现。无论是从桥面，还是从五个观景平台望去，螺旋桥都使城市的天际线更加壮观。双螺旋中的内螺旋用于支撑遮阳的多孔玻璃和不锈钢网状天篷，不锈钢表面可产生绚丽的夜晚照明效果，反射桥体中内置的、用于增强设计美感的特殊灯具的光线。

图 1-20

新加坡双螺旋桥

无限桥（Infinity Bridge）（图 1-21）位于英国格林威治地区，连接格林威治的南北岸，为该地区的商业和生活提供更好的便利。桥梁由一个 230 米长呈非对称的钢铁桥拱组成，像一条欢蹦乱跳的蛟龙掠过河面，其纤细的绞索在水面上投下美丽的倒影。设计者因地制宜，将灯光照在标志性的双拱上，在水上呈现数学符号"∞"的形象，大桥也因此而得名。它给人的第一印象是"轻巧"和"浪漫"。它本身是人行桥，无须承受很大的荷载，所以钢拱肋能够设计得"轻巧"；它又是"浪漫"的，行云流水般的一条弯拱在中间一分为二，好似少女飘逸的长发，将力与美表现得淋漓尽致。整体造型简约而现代，给人带来无限的遐想。

图 1-21
英国无限桥

日本东京湾临海大桥（Tokyo Gate Bridge）（图1-22），也称"恐龙桥"。大桥的外貌设计特别像两只正在打斗的恐龙，霸气、壮观，这与当地的二次元精神和审美高度契合，让不少深陷"宅"文化的人乐于参观这两条"钢筋霸王龙"。欣赏"恐龙桥"之余，人们还能在该地眺望远近处的风景，海湾胜景、雪山美景均可一览无余。到了夜晚，灯光亮起，桥梁造型效果更加明显，成为当地的地标。

图 1-22
日本东京湾临海大桥

天空之桥（Sky Bridge）（图1-23）位于马来西亚兰卡威群岛。长百米的大桥呈圆弧状，主体由钢材料构成，一改平直的悬索桥造型，只靠一根倾斜设置的钢柱顶端下拉的数条缆绳而使桥身悬挂在半空中，连接两个山头，人走在上面，有一种天马行空的感觉，天空之桥的名字也因此得来。以其独特的造型，天空之桥成为当地的地标。

图1-23

马来西亚兰卡威天空之桥

1.4.2 功能美

桥梁的主要作用是功能活动，在构成桥梁美的主要因素中，功能美占据重要位置。无论桥梁的外观形式如何完整，如果没有充满着生气勃勃的功能力量的功能美，那么它感动人的力量就很微弱，令人烦闷、无聊。只有做到实用、经济、美观，从功能出发，达到功能、结构与形式的统一，围绕目的和功能进行审美创造，才能全面实现桥梁的功能美。

桥梁功能美的代表国内有赵州桥，在此不再详述。1987年，为迎接第25届奥运会，西班牙建成了罗达巴赫拱桥（Bach deRoda Bridge），该桥由"结构诗人"圣地亚哥·卡拉特拉瓦设计。该拱桥让人眼前一亮，它不同于传统形式的拱桥，桥梁净跨52米，桥面宽25.8米，向内倾斜的辅拱圈由短肋与主拱圈连接，辅拱圈还承担了人行道、观光平台和阶梯的荷载。辅拱圈顺着拱脚切线延伸至地面，阶梯就附于这段延伸线上，浑然天成。桥梁构思的巧妙之处在于，用辅拱圈来打破传统做法——系杆拱桥两主拱圈通过横向连接系解决其稳定性，避免了主拱圈连接系的繁杂和压抑感，使桥面更为宽敞，并在整体桥梁中体现了构件的主从关系。这座桥形式新颖、别致，所有构件在结构上都是有用的，没有任何多余的部分，使人耳目一新，达到美观的目的。

1.4.3 意境美

桥的兴建，既要考虑自身的美观，又要考虑与周边环境的协调，考虑得好，才能美上加美。

跨水架桥，意境美也，雕琢装饰，千姿百态。斑驳的石拱桥（图1-24），在江南烟雨里，组成淡淡的水墨画，河岸上小桥流水人家，街沿处白墙灰瓦民居，别有一番风味。

图1-24

浙江南浔古镇古桥民居

莫斯塔尔古桥（Stari Most）（图1-25）是波黑16世纪的一座桥梁，横跨内雷特瓦河。桥的两头各有一个石砌桥头堡。桥拱采用本地的石头建造，拱的内弧面大量不规则的变形导致了目前拱的形状。莫斯塔尔古桥的建成堪称建筑史上一大奇观。桥梁使用的1088块长方形巨石均采自附近采石场，施工历时9年，于1566年完成。而在当时，如何把石块从河的一侧运到另一侧，如何架设脚手架，如何在这么长的建设周期内保持脚手架的稳定可靠等，至今是一个谜。历经四百多年岁月的洗礼，古桥已不再是一座普通的石桥，不再是一条连接东西两个城区的便捷通道，而是莫斯塔尔多元文化和民族和睦的象征。古桥有了灵性，有了生命，与莫斯塔尔居民同生死、共患难，成了不同民族、不同宗教、不同习俗的人们之间相互沟通、相互交流和相互融合的一座精神上的桥梁。

图 1-25

波黑莫斯塔尔古桥

巴斯泰桥（Bastei Bridge）（图 1-26）位于德国砂岩山脉，是萨克森瑞士国家公园的地标性景观。巴斯泰桥有着超过二百年的历史。1824 年，巴斯泰桥还是一座用岩石连接起来方便游客参观的木桥，1851 年，由砂岩改造而成，由于其所用的石材在质地、颜色方面与该处山峰的材料很接近，又因为它努力把自己完全融入周围景致之中，所以它看起来就像山岩的一部分。

图 1-26

德国巴斯泰桥

1.4.4 形式美

形式美是环境中的形体、线条、色彩或音响等形式因素所具有的审美属性及其组合规律，是人类实践的一种特殊形态，是从具体的、美的形式中抽象出来，由自然因素及其组合规律构成、具有独立审美价值的符号体系。事物的形状、外表、色彩等，经过抽象成为合乎规律的现象的美，就是形式美。

在视觉上，人们对形状和色彩等因素会寄以感情，如圆的形状，会让人有圆润、完美之感；方的形状，会让人产生正直、肯定之感。人对色彩的感情则更为丰富，如红色与激情、黄色与神奇、绿色与平和、蓝色与悠远等。人对呈现在面前的事物的形状、外表与色彩作出反应，产生快感，这种源于愉悦关系的快感就是形式美感。

十七孔桥可以说是桥梁形式美的典范。它是北京颐和园连接东堤与南湖岛的一座长桥（图1-27）。皇家园林中的建筑都严格按照建筑法规设计，十七孔桥也不例外，这样就使得这座桥成了桥梁形式美的典范。十七孔桥是一座不寻常的桥梁，名字也极不寻常，乍看以为是以桥孔数目题名，其实不是这么简单。这个桥名按照严格的礼制命名，17以9中分，即从桥东、西两端算起，第九孔都是中央的桥孔。颐和园为皇家园林，专供皇帝游乐，将长桥的中央桥孔设计为第九孔，目的在于突显桥的尊贵，所以十七孔桥意即天子之桥。以九所代表的天子为中心，其他都是从属。因此，桥名本身就是按照形式美的法则制定的。

十七孔桥状若长虹卧波。它不但是颐和园最大型的一座桥，也是我国园林中最长的联拱石桥。其造型兼有北京卢沟桥、苏州宝带桥的特点，是乾隆年间我国园林建筑中最大的石桥佳作。全桥皆以汉白玉石精工砌成，桥面略呈弧形，从远处看，桥身像一条玉带，桥孔像一串珍珠，桥体漂浮在碧波之上，光彩夺目。整座桥梁表现出严格的对称与均衡、节奏与韵律美。两桥头刻有石雕异兽，十分生动。每个桥栏的望柱上都雕有神态各异的狮子，大小共544个，统一中又有变化。桥中孔上方的桥额处，南北两侧分别刻着"修蝀凌波"和"灵鼍偃月"的横批。桥两侧各有一副对联："虹卧石梁，岸引长风吹不断；波回兰桨，影翻明月照还空"，写出晚风朔朔、湖光粼粼、西堤柳影、万寿山色、若隐若现的情景；"烟景学潇湘，细雨轻航暮屿；晴光缅明圣，软风新柳春堤"。据说都是乾隆的手迹，其布置也反映了对称的形式美。

图 1-27
颐和园十七孔桥

第 2 章
守成与突破——梁桥

世间万物，都有初始的状态，桥梁自然也不例外。人类萌生造桥的念头，很可能是受了自然界中"天生桥"和"倒木桥"等自然存在物的启迪，它们给人类带来造桥的思想火花。

在漫长岁月中，大自然一次次的馈赠给人类的生活带来了方便，人类从初期的惊喜到渐渐地不再满足于这种直接的礼物。木头长时间的使用会腐蚀折断，大风或激流会将其掀翻带走。"天生桥"使用起来并不方便或者使用率较低，这些原因必然会迫使人类自主地造桥：或是砍倒树木将其拖拽至河流溪谷，或是将腐蚀的旧木换成新木。

总之，人类建造的第一座真正意义上的桥就出现了。这种独木桥虽然简单，但它确实是桥梁的祖先，不仅给当时的人类带来了启示和信心——大河是可以跨越的，同时为人类文明的进步作出重大贡献。

2.1 梁桥的由来

河边的树木，常年受到水冲、风吹，或某一天轰然倒下，若恰巧横在小河之上（图 2-1），人就可以从上面走过，一座独木桥便形成了。

图 2-1

溪水上的倒树

天然的岩石经过千年的水流侵蚀作用,逐渐形成了桥的形状（图 2-2）——这些或许就是梁桥的前身。

图 2-2

天然的岩石桥

《说文解字》中写道:"桥,水梁也。从木,乔声。骈木为之者,独木者曰杠。"古代中国认为梁桥是由独木桥演变而来的。当祖先创造独木桥时,两墩架一梁,形成人类桥梁史上最简洁、最经典的造型,就是我们所说的"梁桥"。

2.1.1 文献中梁桥的称谓

1. 矼

《广韵》《集韵》《韵会》等书中注"矼"为:"古双切,音江。聚石为步,渡水也。"也就是今天所谓的汀(或作碇、矴)步(或作埠),俗称"石踏步""跳墩子。"矼,严格地说也不能称作桥,却是梁或桥的起步。

矼,最初乱石堆在河中,形状不齐,随河底深浅而曲折走向;也有将石块整齐地砌在甚至镶嵌在天然的岩石底上或是人造的石滩、堤堰上。堤堰蓄水,堰顶泄洪,石齿便成为过河堰口上的汀步。在山间浅水河道,一年四季中,除大雨和洪水外,汀步都可以畅行无阻。

泰顺仕水矼步俗称仕阳矼步(图2-3),在仕阳镇溪东村。矼步共223齿,全长133米。石齿长1.78米,厚0.24米,露出滩面部分高0.7米,齿距0.6米。每齿由高低两级组成,高级长1米,采用花白色花岗石;低级长0.78米,全部为青石砌成。低级抵住高级,一如桥墩以扶壁石撑抵御漂流物的撞击损害。矼步形如一字,齿形平整,可以3人并行,来往之间可以互让错行,是泰顺最长最好的矼步。当地人流传的打油诗描述仕水矼步:"远看一条线,近看像拉链。细看是琴键,好像楼梯浮出水面。"对于石料的选择,仕水矼步的建造者也颇费苦心,高的用的是白色花岗石,矮的用青石。这种颜色与石质的搭配,不仅美观,更是便于夜行。对此有文记载:"石取其坚,计永年也;色取其白,昭利涉也。"

图2-3

浙江泰顺仕水矼步

2. 榷、仢

《广志》记载："独木之桥曰榷，亦曰仢（zhuó）。"又记："仢（zhuó），横木渡水也。"《广雅》记载："独梁也。"在山间溪涧之上横搁独木为桥，如云南佤族的独木桥。独木如果不经过细致加工就被当作桥，在上面行走是非常不便的。贵州黔东南苗族侗族自治州，郎德上寨有独木桥，将独木一边削平，两端各嵌一小圆木，使桥既便于行走，又能搁置平稳，不会转动。独木小桥，也是别有一番风味。郎德上寨拥有各种各样的独木桥、汀步桥、马凳桥、板凳桥、石板桥、石拱桥、风雨桥、求子桥、祈寿桥、保爷桥等数百座桥，人称"苗岭桥乡"。郎德上寨苗族村民之所以如此酷爱架桥，与特定的自然环境和特殊的传统民俗关系极大。郎德上寨地处雷公山麓、丹江河畔。寨后郁郁葱葱，经年流水淙淙，数十眼清泉潺潺进入山寨，切出条条壑沟，形成若干溪流。树多、泉多、沟多、溪多，桥梁建筑自然众多。最早住在"左洞庭，右彭蠡"水乡泽国的苗族先民，辗转迁居苗岭山区后，仍然保留"遇水架桥"的优良传统，甚至将架桥观念引申到求子祈寿、消灾祛祸等民俗中，从而演绎出丰富多彩的桥文化。

3. 杠、徛

杠和徛也有解释为独木桥的。《尔雅·释宫》："石杠谓之徛。"《说文解字》释"徛"称："举胫有渡也。"段注为："聚石水中以为步渡仢也。"又"然则石杠者谓两头聚石，以木横架之可行。非石桥也"。

这里，"杠"已经和"矴"有区别了。"聚石"水中则同，矴不搁木，杠则搁木成仢，木石结合，故称"石杠"。杠和徛可以是独木桥，但不只是单孔，也含多孔，故需"水中"聚石。可以是单孔搁木，"两头"聚石，但不严格限"独"木，也包括只能单向行走的双木桥。木上铺小横木，中间辅以一个堆石墩，这便是杠或仢（图2-4）。

《孟子·离娄下》记载："岁十一月，徒杠成，十二月，舆梁成，民未病涉也。""杠"就是指仅能走行人。四川芦山河上，当年河水水位低时，用枒槎（三角木架）立水中，下面用竹笼编围，里面聚集鹅卵石，上面放置双木。枒槎中一个柱子伸高，上面绑着扶手木栏一根。结构简单，取材容易，经济安全（图2-5），此即"徒杠"。

图 2-4
杠或彴

图 2-5
四川芦山徒杠

4. 梁、桥

梁和桥是异名同义的两个单词。汉代许慎的《说文解字》中释"梁"："梁，水桥也。从木从水、刃声。"段注为："梁之字，用木跨水，则今之桥也。"而"桥"则是："桥，水梁也。从木，乔声，高而曲也。桥之为言趫（qiáo）也（善缘木走），矫然也。"

梁、桥都从木，原意都是木梁桥。"梁"字出现的早于"桥"字。"梁"古文作㭫，即水上立柱（或墩）而架木。"桥"字从木从乔，乔在从声之外，形象上还像一座上建桥亭，下通船只的驼峰式木梁桥。1975 年湖北江陵出土的古书《为吏之道》中注有："除害兴利，慈爱万姓。……阡陌津桥，囷屋墙垣……"等，是指地方官应做的事，可见那时还没有拱桥，只有"高而曲"的多孔骆驰虹木梁桥，即"大而为陂陀者曰桥"。

在中国文字的假借、通用上，梁和桥有不同的含义。梁或作桥梁，或作陡梁，或作鱼梁。

《尔雅》："堤，谓之梁。"即横阻水的限（堤）也称梁，这和今天的山梁或鼻梁的含义相同。这已不属于桥梁的范围之内。

秦以前，称梁或桥的多半是梁桥。西汉以后，桥梁结构形式增多，桥梁是各种桥式的总称，即梁桥不过是桥梁的一种。

2.1.2　文献中有名的梁桥

秦汉以前历史上的桥梁，只有记载，尚无踪迹可寻，不过多半是梁桥，比较有名的有：

1. 淇梁

《诗·卫风·有狐》咏："有狐绥绥，在彼淇梁。"译为：狐狸独自慢慢走，走在淇水桥上头。淇水发源于太行山下，流到河南淇县入黄河。

2. 钜桥

关于钜桥，东汉许慎注以为是："钜鹿水之大桥也，有漕粟也。"虽然还有别的注法，如邹诞生："钜，大；桥，器名也。"可是《水经注》："衡漳又北，迳巨桥邸阁西，旧有大梁（桥梁之梁非堤梁之梁）横水，故有巨桥之称。昔武王伐纣，发巨桥之粟，以赈殷之饥民。"可见郦道元也认为这是当年漳水上的大桥。因此在商、周之间，公元前12世纪已经出现了一些有名的梁桥。至于钜桥的桥式，因漳水是较阔的河流，推测其为多孔的木梁桥，地点在当今的河北省曲周县东北侧。

3. 吕梁

《阙子》称："宋景公使弓人为弓，九年乃成。公曰：'何其迟也。'工人对曰：'臣不复见君矣，臣之精尽于此弓矣'，献弓而归，三日而死。景公登虎圈之台，援弓东面而射之。矢逾于西霜之山，集于彭城之东,其余力益劲,犹饮羽于石梁。"《水经注·泗水》便记:"泗水之上,有石梁焉,曰吕梁也。昔宋景公以弓工之弓,弯弧东射,矢集彭城之东,饮羽于石梁,即斯梁也。"地点在现在的徐州附近。

4. 汾桥

《史记·刺客列传》记晋国人豫让,为智伯报仇,欲刺赵襄子(公元前475~公元前425年):"顷之,襄子当出,豫让伏于所当过之桥下。襄子至桥,马惊。"正义曰:"汾桥,在并州晋阳县东一里。"此处称桥,当是梁桥。

《元和郡县志》:"汾桥架汾水上,在晋阳县东一里,即豫让欲刺赵襄子,伏于桥下,襄子解衣之处。长七十五步(约135米),广六丈四尺(约19.2米)。"看来是一座规模较阔大的木桥。

5. 秦梁

战国时秦国在关中起家,由公而王,而后统一中国称帝。其历代都注重建设,讲究富国强兵之术,完成了很多有名的工程建设,如陕西郑国渠、广西灵渠、四川都江堰等工程,都在渠上建有桥。

秦始皇喜好大兴土木,相传在各地都建有秦梁。秦始皇二十六年(公元前221年)秦统一中国。二十七年,从咸阳出发,修治通天下各郡的驰道,其间必修了不少桥梁。二十八年,秦始皇东巡至山东,竟然要跨渤海造桥。《萧山县志》记:"连山在县西二十里……旧经秦始皇欲置石桥,渡浙江(钱塘江),今尚有石柱数十,列于江际。"也许有这样一种可能性,即将海中的山石排比作桥柱,地方民间便以神话附之于秦始皇。也还有另外一种可能,即秦始皇在统一六国的基础上,过高估计自己的力量,想在海中造桥的思想和行动是可能存在的。然而按照当时的技术条件,这是不可能实现的,于是只能用欺骗性的神话来掩盖自己的失误。海上石桥当年虽然造不成,不过秦朝在咸阳附近,的确建成了一些著名的桥梁。

6. 灞桥

西安城东灞水之上有古灞桥。《水经注》记载:"灞水古名滋水,秦穆公更名以显霸功。水上有桥,谓之灞桥。"《初学记》记载:"汉作灞桥,以石为梁。"《唐六典》则载:"石柱之梁四,洛则天津、永济、中桥。灞则灞桥。"宋代时灞桥坍塌,后经元、明、清屡次重建,直至清道光十三年(1833年)重建。1957年,在将古灞桥改建为现代公路桥时,曾经对这座古桥进行拆卸开挖,得以查明其全部结构(图2-6)。

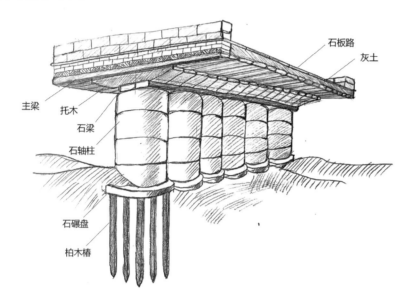

图 2-6

古灞桥剖解图

2.2 梁桥的发展

人们想跨越障碍,就得想出办法,既要从形式上模仿自然,但又不能违背客观规律。人们逐渐能够计算和控制桥梁里面的受力和桥梁的变形,懂得了如何利用天然或人工的材料去修桥。这就是我们所说的技术。

在历史上,梁桥较其他桥型出现得早,可以说是桥梁实现跨越的开端。它构造简单,木材随地皆有,木梁木柱式的木结构使用普遍。但这种木柱木梁结构,很早就表现出弱点,即不能适应形势发展。取而代之的是石柱木梁。

在秦汉时,建成许多多跨长桥,如历史上有名的渭桥、灞桥。长桥建于宽广河道,河床地质情况复杂。这一时期,出现了桩基技术。在文献记载中,出现了铁锥打桩机。石墩的出现,标志着木石组合的桥梁能够跨越较宽的河道,能够经受汹涌洪流的冲击。但石墩上的木梁，却不耐风雨侵蚀。于是人们建起桥屋，保护桥身，以此延长木梁使用寿命，还能够方便往来行旅的憩息。而中小型石梁或石板梁，构造方便，材料耐久，维修省力，也是当时民间喜用的一种桥型。南宋绍兴以后，福建泉州商业发达，海船往来，财力殷富。在万安桥成功地建成巨大石梁的影响下，掀起了长大石桥的兴建高潮，实现了不少施工技术上的突破，成为福建滨海地区历史上的盛举。

随着时代的变迁，技术的发展，铸铁、钢材、混凝土等建桥材料相继出现；简支、连续、伸臂等桥梁结构形式诞生——梁桥的形式，变化万千。

2.2.1 木梁桥

木梁桥最原始的形式是圆木梁式的独木桥。"倒木成桥"的巧事，多有传闻，古书中也有记载。《湖北通志》记载："巴东县……龙巢溪，溪崖绝陆，不可为桥。相传明成化二年（1466年），忽水漂来一大木，横架其上，行人得以攀缘而渡，故名飞桥，至今尚存。"中国湖北的巴东县位于鄂渝交界处，流经境内的长江正是著名的天险三峡段。不仅长江干流如此，即使那些支流溪涧如清江、小溪河、万福河、龙船河、板桥河等也都是两岸幽邃峻峭、水流汹涌湍急，给修路架桥带来很大的困难。好在天公作美，突然从水上漂来一棵大树，刚好横在龙巢溪两岸，成为一座天然的桥梁，使人们得以攀缘而过。

广东顺德容里村的树生桥，桥龄已达400余岁。树生桥是一座由榕树根生成的奇特桥梁。据说桥生成前，原来有一座木桥，两岸桥头分别植有榕树多株。桥经过多次重修，后来因为桥身损毁，乡民将榕树的气根引到对岸，分别缠绕在木桥的扶手、桥板等部位，长到对岸后插入地下，并把其中一条气根贯穿两岸边相对的花岗石板圆孔，让其长成扶手。年深月久，木朽根长，几条粗壮的气根代替了木梁，乡民便铺上木板，一座宽2米、长6米的小桥就这样形成了。

1. 木柱木梁桥

中国最早关于桥梁的文献记载见于公元前13世纪。当时桥梁的材质主要是木材，由于木桥容易腐蚀，不能留存至今，我们只能从古籍记录中发现一些。前文中提到的建于公元前11世纪商朝的钜桥，是我国出现于文献的最早的古桥。在《水经注》和《三辅黄图》中，秦代咸阳和西汉长安分别建设的渭桥、灞桥等木梁桥，由于是木质结构且年代久远，木桥大多未得以存留。据南朝宋段国所撰《沙州记》记载，在木材长度有限的情况下，为延长桥梁跨度，出现了悬臂梁式桥及拱桥，这些桥型出现在安西和吐鲁番等地，人们称之为"河厉"。其修筑方法是："两岸垒石作基陛节节相次，大木纵横，更相镇压，两边俱平，相去三丈，并大材以板横次之，施钩栏，甚严饰"。

多跨桥的代表则是始建于南宋理宗宝祐六年的湖南醴陵渌江桥。在各桥墩上用大木纵横相叠，并向桥梁跨中伸出，用纵梁连接各伸出端木；同时在桥墩台纵横大木之上修建楼阁，用楼阁等建筑物的重量平衡悬臂的固端，从而维持了结构的稳定性。

我国古代的木梁桥很多，渭水三桥就是历史名桥。渭水三桥为中渭桥、东渭桥和西渭桥，都是多跨木梁木柱桥。其中最早的是中渭桥，位于陕西省咸阳市东南11千米，跨渭水。它始建于战国秦昭襄王在位时期（公元前306—公元前251年），到秦始皇时又做了改建和加固。中渭桥全长约524米，宽约13.8米，由750根木柱组成67个桥墩、68个桥孔，平均每孔跨径7.7米，中间桥孔跨径达9米。中间桥孔高大，两边桥孔低小，呈八字形，可通过高大楼船。这三座阔大宏伟的长桥，出之秦皇、汉武之手，虽然遗迹都初露圭角，但未加深掘，难知全貌。

秦汉的古桥，多从石刻壁画中见。晋代、唐代的古画，虽然存世不多，但也能从中发现一些桥梁。尤其是北宋传下的画。因为画风写实，名家辈出，画中桥梁细节都交代得很清楚，从中我们也可以了解一二。北宋李嵩所绘《水殿招凉图》中有一座高耸的三孔木（或石）柱木梁桥。桥中孔平坡，边孔折坡，中间桥柱和西侧桥台各并列五柱。柱顶联以横梁，上面并列搁多根纵向梁木，梁木上铺满横向桥面板，板端钉博风，刻条饰。桥上有屋，屋柱齐栏杆顶处以斜撑撑于柱顶横梁外端。桥台柱后似为砌砖作墙，背后填灰土铺桥面。这是一座典型的秦、汉木梁柱桥，桥屋华丽，也可以想象出秦汉阁道桥屋的构造（图2-7）。

前面说的渭桥等木梁桥，在木或石柱上可以先加托木，这样梁便搁在了托木的上面，有较长的支撑，可以改善梁的受力情况。在贵州苗岭山区上的郎德上寨木桥也采用了同一方法。该桥由两条平行的梁构成，每个梁的端部在柱顶都有两根托木。但因圆木加工过少、接合不固，已有滑走错位现象，需要增加桥柱之间的斜撑，使其变得更加稳固。

图 2-7

北宋李嵩《水殿招凉图》

图 2-8 为浙江云和山区木桥。桥柱除顶部的横梁之外，柱中再加横梁联结。柱顶横梁的交点下，穿柱加纵向托木。托木两端，放置横向木，于是桥面梁木就有三个很充裕的端支点。桥的结构，类似于纵横交叠的木伸臂梁桥。

图 2-8

浙江云和山区木桥

河上木桥，水涨时会淹至桥柱，甚至全桥。木头轻而漂浮，经常会随水流漂去。所以，桥的柱脚必须嵌固深埋于土石当中。比如东渭桥的砌石，灌了铁汁，还可以在夏季涨水前先把桥木拆下。在江浙山区的木桥，用细铁链把每一木桥构造单元连接起来，铁链的端部绑在桥边岸上的大树或桩木之上。虽水淹桥浮，但木桥构件不致流失，不需搬拆，这也是保护木桥很好的方法。

历史上木梁桥的记载，包括一些刻在砖石上和画在古画上的桥，中国在这方面确实是领先的。国外古画中也保存有木梁，图2-9是亚历山大出征站在木桥上的场面。

国外木桥的起源，在公元前4000年左右。遍布欧洲各地的水上居住者们已经利用彼此联系的圆木道路，互相沟通。这种圆木小桥也成为他们生活中必不可少的一种道路。欧洲各地，遍布着许多湿地与湖泊。人们在湿地、河岸和湖水中打入木桩，然后在上面建筑房屋居住，这种生活方式被称作湖上房屋或者高架房屋。对于当时的人们来说，这些房屋也许是他们为了躲避来自周围的野兽和其他部落的突然袭击而想出的最聪明的安全对策之一。一座桥建立了居住在湿地和湖泊上的人们与给以他们生活保障的陆地之间的交通，随之，他们日常所利用的道路，也就从桥开始又结束于桥。桥对于他们的生活来说绝对是必不可少的存在。

图2-9

欧洲亚历山大出征壁画

除欧洲地区以外，在东南亚、大洋洲、非洲也有这种高架房屋，并且这些高架房屋基本上都架设有桥。尽管这种桥只不过是由一种将圆木排列在木桩上的、最简单、初级的方法建成的，但是仍然可以认定是这些高架房屋的居住者们发明了人类的建桥（桁桥）方法。

追溯到公元5世纪，湖上高架房屋逐渐变成了人工岛，也就是意大利东北部的亚得里亚海岸的威尼斯。众所周知，这座城市是由往潟湖里打进木桩、填沙平湖、建成小岛群而形成的。潟湖的沙洲建造于5世纪左右，随后陆续形成小岛，人们开始居住于此。这些小岛依赖桥来维系各岛之间的交通，并且同样靠桥（铁桥）与对岸的梅斯特雷（Mestre）往来交通。这里成为世界唯一的在近代都市风景中依然保留着古代高架房屋的水上城市。

在高架房屋的例子中，迄今为止，广为人知的最古老的桥，当数康斯坦茨湖（Lake Constance）（位于德国和瑞士境内的湖）中保留下来的木桥，这些桥是当地居民在湿地中建造小屋的时候（公元前4000年）同时架设的桥。

2. 石柱木梁桥

木材容易腐蚀，耐久性不好，桥墩逐步由木柱向石柱过渡。木梁桥垒石为墩，似乎并不与石柱发生必然的联系。也就是说，这不过是两种不同桥梁的下部结构形式，在不同场合、条件下的实践应用。

《唐六典》记载，石柱桥有四座，分别是位于河南洛阳的天津桥、永济桥、中桥和西安的灞桥。这四座桥中，以灞桥最为闻名。灞桥，跨灞水，为石柱木梁桥，是当时西安通往潼关以东的咽喉要道。灞桥，这座久负盛名的古桥，也引起众多的文人咏叹。李白叹道："年年柳色，霸陵伤别。"岑参写道："初程莫早发，且宿灞桥头。"刘禹锡唱："征徒出灞涘，回首伤如何。"李贺咏道："灞水楼船渡，营门细柳开。"李商隐吟道："灞水桥边倚华表，平时二月有东巡。"仅《全唐诗》中直接描写或提及灞桥（灞水、灞陵）的诗篇就达百余首。其后经过历代墨客骚人妙笔的润饰，日久天长，灞桥被人们改称为"情尽桥""断肠桥""销魂桥"。

西藏的琉璃桥，或称瑜顶桥（图2-10）。藏语音译写作"瑜顶桑巴"或"玉夺桑巴"，即绿色松耳石桥的意思，藏语中"桑巴"即桥。桥位于西藏拉萨药王山和希达拉山之间的古通道上，在大昭寺和布达拉宫之间，相传为唐代文成公主入藏后所建，为入拉萨的门户。琉璃桥为石筑五孔桥，跨度长28.3米，桥面宽6.8米。东、西两侧的墙上各有五个宽度在2.3~2.5米的孔洞，每两孔洞间的距离为2.6米，高度为3.2米。墩间密排木梁，梁上铺石板桥面，与墩同厚。上建墙设桥屋，开洞窗。墙与窗上联楣梁，设斗栱，上为歇山式顶，顶铺绿色琉璃瓦。屋脊正中有莲花座琉璃宝顶。琉璃桥因吐蕃王朝的盛衰而有兴废。明朝永乐弘治间曾经大修，清代也有修缮。

图 2-10

西藏拉萨瑜顶桥

全国各地曾有较多的木梁石墩桥。如福建永春县，根据《永春县志》记载，自宋朝建炎元年（1127年）至景炎三年（1278年）150年间，永春便有此类桥梁30余座，现仅存建于宋朝绍兴十五年（1145年）的关东桥，又称"通仙桥"。该桥是闽南绝无仅有的长廊屋盖梁式桥，全长85米，宽5米，共六墩五孔两台。桥基采用"睡木沉基"，船形桥墩以上部分为木材构造，技艺之精湛，构造之奇特实属罕见。

3. 伸臂木梁桥

1971年，内蒙古和林格尔县新店子镇发掘出一座东汉墓，墓中有"七女为父报仇"的壁画，画上有汉代渭桥，画中桥在梁下都有短托木，这也许就是伸臂木梁桥的雏形。伸臂梁是在公元4世纪，由羌族人在新疆与甘肃交界地区创造的一种新的结构形式，后来这种结构传到其他地区。在当时，这种桥适用于河谷较深、不宜在桥中部设置桥墩的情况，可以增大桥梁的跨度。伸臂木梁桥是借伸臂作用，将短梁造成长跨桥。最早记录的伸臂木梁桥在西北循化（今青海省循化撒拉族自治县）的古什群口。汉代，吐谷浑族人民在黄河峡口上造伸臂木梁桥。至今，甘肃、四川、西藏等地仍有不少伸臂木梁桥，如图2-11所示。在阿富汗等国家也存在这种桥。

图 2-11
伸臂木梁桥

兰州握桥，又称卧桥，是"伸臂式"的木结构桥（图 2-12）。握桥修建方法是：先砌两岸石堤，堤砌到一定高度时在堤岸边横放一根大木，再把 7 根纵列的大木向上斜置在横木上，纵列大木挑出堤岸两米多，俗称为挑梁。在挑梁顶端，用一根小横木把 7 根挑梁贯拴一起。挑梁上又横压大木一根，空隙地方用木块塞紧，这样就垒好了第一层。按同样步骤垒第二层。垒至第四层、两端相隔约 7~10 米时，就在两边挑梁上安放木简支梁，再铺上横板桥面，桥就建成了。在挑梁顶端的横压木两头竖立柱，用榫接连成一体。在立柱与立柱中间，嵌进挡水板，减少风雨对挑梁的侵蚀。桥面上建桥屋，桥台上修楼阁，使桥梁雄伟美观。桥阁压在挑梁底部，使桥更加稳固。挑梁挑出的长度与木材容许承受的力量很相适应。这些都说明当时的建桥者已有明确的力学概念。"握桥"之称形象地揭示了伸臂木梁桥层层向河心挑出，直接相握的特点。

由于木材容易腐蚀，因此历史上所建造的木桥不易保存下来。为了克服木材的这一缺点，人们对木梁桥进行了创新，一般是在木梁桥上修建桥廊，以免木梁受风雨的侵蚀。广西三江程阳风雨桥就是一个典型的代表。风雨桥由长廊和亭阁组合而成，除石墩外，全部为木结构，不用一钉一铁，全用卯榫嵌合，是由多层塔、亭建在石桥墩上的廊桥。其造型独特，极富民族特色（图 2-13）。

图 2-12
兰州握桥

图 2-13
广西三江程阳风雨桥

2.2.2 石梁桥

木质容易腐烂,难以保持长久,之后人们又想到用石头作为建桥的材料。石材坚固耐久,因此,既然有大自然馈赠的"独木桥",也会有天然的"石梁桥"。

浙江天台山石梁飞瀑,又称"石梁雪瀑",位于浙江天台山中方广寺前(图 2-14)。这座天然石梁桥横跨两山,势极雄奇险峻。历代文人墨客极力描绘,或比之为"梁如卧虹,中凸端垂,苔藓满缀,斑似龙纹";或形容其"形如卧牛";亦有称其"形如大鲤,屈身颠尾";有说"似大鹅之颈,自北颈向南啄食";也有说是"两龙接舌"。

石梁全长6米,梁下有洞2.3米,桥背宽仅0.2~0.3米。桥下一挂飞瀑,落差达35米,跌入湛蓝深邃的碧潭里,飞珠四溅。四周山雾弥漫,如遇阳光斜照,虹霓时现时灭,五光十色,斑斓多姿。人在石梁桥下翘首仰望,只见长空"雷鸣",水从天落,真有"沧海平翻鳌背上,银河倒泻雀桥东"之势。瀑布冲入潭中,飞波若舞,散沫似珠。

图 2-14

天台山石梁飞瀑

因为石料是一种脆性材料,受压性能好但受拉性能较差,用作梁板等受弯构件是不够理想的。然而自从人们学会开采石料以来,石料来源丰足,又比木料经久耐用,因此,一直被广泛用来造桥。在一些石料丰富的地区或一直延续传统建筑艺术的地区仍然可以看到石梁桥。与木梁桥相比,石梁桥牢固耐久。不过石料开采与加工的难度太大,需要掌握一定的工具和技术,所以人类模仿天然石梁桥比独木桥要晚。

石梁较木梁硬度大、更耐久,但重量大、不容易搬运,因此石桥跨一般为3~4米,不超过10米,最长者约20米。如果需要更大的桥跨时,就需要造石拱了。

民间还有很多石板和石梁桥。板和梁的区别,一般认为梁宽大于梁高的一定倍数(2或3倍)者为板,否则为梁。也有以梁的厚度绝对值来区分的,厚度在25厘米以上者为梁,薄于此数者为板。石桥宽度,一般自80厘米至2米,以1米左右为普遍,且往往没有栏杆。村前宅后、搁石而过;或涓涓小溪,置石为梁。这些古朴的桥梁,广泛分布于中国园林之中。

石梁桥是古代最常见的桥。对于古人来说，石梁桥有些好处是那个时代其他桥梁所不具备的。它不像拱桥会高高拱起。它非常适合人力或者畜力车辆通行，几乎是永久性的，不像木桥那样容易受潮腐烂或因火焚毁，无需过多养护。石梁桥出现后，在南宋时期，福建地区大小石梁桥星罗棋布，被誉为"闽中桥梁甲天下"。

石梁桥主要分为两大种，即石梁柱桥和石梁墩桥。

1. 石梁柱桥

石梁柱桥起源是比较早的。文献记载，秦始皇曾东巡到海边，"驱石竖柱"造桥以观日出。虽是不经之谈，然而春秋战国时期有石梁石柱也是不足为怪的。汉代以后，就有石梁石柱桥的记载。灞桥在王莽时期已是石梁石柱结构，时间是公元23年。《水经注·穀水》："穀水又东屈南，径建春门石桥下，即上东门也。桥首建两石柱。桥之右柱铭曰：'汉阳嘉四年乙亥（公元135年）。永建壬申（公元132年）诏书，以城下漕渠，东通河济，南引江淮，乡贡委输，所由而至。使中谒者魏郡清渊马宪，监作石桥梁柱……主石作右北平山仲，三月起作，八月毕成'。"

石柱入水不浮，较木柱稳定。如苏州拙政园石桥的柱子虽位于河流中心，仍非常稳定。如果遇到大型石桥，它的石柱非常沉重，搬运和竖立都不容易，就可以将一柱分为多节，施工时比较便捷。其接石柱方法也仿效接木柱的办法，并逐步地予以改善。因为石柱抗侧向力的作用较木柱弱，为了加强石柱抵抗水流的平推力，可以将两个石柱在顺流方向靠拢并列，并用铁箍箍牢。

河北蠡县石桥是一座石柱桥，在各层轴柱之间，用一块长横条石相联系，成为一个整体排架墩。排架抗御水流平推力和风力有很大的作用。在石柱帽梁上仅平铺石板为桥面，并未采用木面板上筑灰土的方法，建筑施工方面也较为简便。

因为石柱桥的石梁石板的抗挠强度较木梁者差，故大多采用石柱墩木梁面的构造。所谓木梁面就是在木梁上盖石板或钉木板，在木板上有时加铺灰土，构成桥面，在灰土桥面上再铺石板或不铺石板均可。这样可以使木梁桥面少受雨水浸蚀，延长寿命。这种石柱墩木梁面的石柱桥，仍称为石桥。这类桥型，在秦代比较流行，以后随着建桥方法的改进，这类桥梁也逐渐减少，现存者为数不多。

2. 石梁墩桥

石桥中现在常见的多为石梁墩桥，极盛于宋代，多见于福建一省，特别是泉州。这与当时的历史背景是分不开的。

唐代及以后丝绸之路的水路，是由我国的广州、泉州、扬州等主要港口通往外地。泉州地处福建东南海边，扼晋江的下游，位于江海交汇之处，是当时我国重要的海外贸易港口。南宋时期，由于宋金战争和王朝南迁，两浙各港口的贸易多半在此期间衰落，而广州港大宗货物的运输比泉州路程远得多，同样数量货物运输的耗费，广州要比泉州大得多，所以泉州港发展迅猛，成为当时最大的贸易港。泉州所在的福建省，"有银、铜、葛越之产"（《宋史·地理志》），浙江、福建的丝、茶和瓷器与泉州海外贸易的发展也起着相互促进的作用。到了13世纪的宋末元初，据《伊本·巴图塔游记》载，"泉州称为世界唯一之最大港，亦无不可"。作为中外政治联系和文化交往的枢纽，许多中外使节、教士、旅行家都由这里出海或登陆，所以交通运输问题也被重视和解决，加之福建多山，木石资源丰富，桥梁事业因而得到蓬勃发展。

福建的石梁和木梁石墩桥为数甚多，为工甚巨，"郡境之桥，以十百丈计者不可胜纪"。仅在宋庆元四年（1198年）漳州就造石桥35座。《泉州府志》所记桥梁极多，笼统称宋修、宋建及具体标明宋代建桥年号的就有110座之多。宋绍兴（1131—1162年）三十年间修建的石梁墩桥，有桥长记载的共计11座，总长5147丈（约17156米），平均每年增建约550米。福建地区的石梁墩桥，桥墩为长条石横直干垒，上架石梁，设简单的石栏。

2.2.3 钢梁桥

19世纪科学技术飞速发展，桥梁建筑史上有了钢梁的使用。由于钢材受拉和受压的强度比木材高，又可以大规模生产，桥梁进入了钢铁时代。

1882—1890年，建于英国爱丁堡的福斯桥，是早期应用现代结构理论建成的、跨度空前的宏伟钢桥，主跨达到519米。该桥全长2467米，6个悬臂各长206米，刚度和承载能力均满足双线铁路要求，是反映当时桥梁技术世界水平的一座里程碑式的桥梁。它保持梁桥最大跨度记录达 28 年之久。福斯桥全桥共有 3 个桥塔，就像三个人一同张开双臂站在福斯河中，六个伸臂彼此连接，构成一座优美的建筑。橘黄色的桥身与清澈的河水形成鲜明的对比，管型杆件彼此相连形成镂空式的结构，使整座大桥更具通透与现代感。

同时期的中国，钢桥是如此先进、如此昂贵，基本只能用于铁路建设，设计、建造、资金也只能依靠西方国家。1937 年，杭州钱塘江大桥落成，中国才有了自行设计建造的第一座公路、铁路两用桥。只是大桥通车后不到 3 个月，日本攻陷上海。为了阻止敌军经此桥渡江，设计大桥的茅以升先生，不得不亲手将其炸毁，大桥从此沉入江中，直到 16 年后才重新与世人见面（图 2-15）。

图 2-15

1953 年恢复通车的杭州钱塘江大桥

1901 年建成的哈尔滨松花江铁路桥（又叫中东铁路桥）是哈尔滨第一座跨松花江桥梁，为钢梁桥（图 2-16）。这座大桥见证了"中东铁路"的通车，见证了哈尔滨由渔村迅速发展成为远东地区文化、经济、贸易中心城市的过程，也见证了哈尔滨清末后的城市历史。

大桥是由当时资金实力雄厚的华俄道胜银行出资，由俄国工程师阿列克谢罗夫负责施工。桥宽 7.2 米，全长 1015 米，共 19 孔，18 个桥墩，桥墩为石膏白灰浆砌石，花岗石镶面。桥上的桁梁是波兰华沙制造，由当时俄国的敖德萨经符拉迪沃斯托克，借乌苏里铁路抵达伊曼港，装船顺乌苏里江而下，沿黑龙江松花江运到施工工地，现场组装，由 350 名专业沉箱工人沉箱施工。工程历经 4 个月，于 1901 年 9 月 19 日完工。于是在哈尔滨的松花江上，出现了这座横跨松花江南北的、今天看来也依旧壮观的大桥。大桥通车后，整个中东铁路全线通车，也开始见证近半个世纪列强对中国东北的侵略、奴役和掠夺。

新中国成立以后，大桥迎来了它的新生命，以一种前所未有的姿态参与到新中国和哈尔滨的建设中来，为新中国和哈尔滨的建设贡献了自己的力量。它承载了中国人的屈辱，也见证了中华民族的崛起。直至 2014 年哈齐客运专线松花江特大桥投入使用，松花江铁路桥以百年之龄，正式退出了历史舞台。

大桥百年的风霜不会被我们所遗忘，它与中华民族一起承受的屈辱和苦痛会永远烙刻在每个中国人的心底。

图 2-16

哈尔滨松花江铁路桥（中东铁路桥）

南京长江大桥（图 2-17）是长江上第一座由中国自行设计和建造的双层式公路、铁路两用桥。1960 年 1 月 18 日开始建设，历时 8 年，1968 年 9 月和 12 月铁路和公路桥通车。上层为公路桥，长 4589 米，车行道宽 15 米，可容 4 辆大型汽车并行，两侧各有 2 米多宽的人行道，连通 104 国道、312 国道等跨越长江的公路网；下层为宽 14 米、全长 6772 米的双轨复线铁路桥，连接津浦铁路与沪宁铁路干线，是国家南北交通要道和命脉。

图 2-17

南京长江大桥

南京长江大桥由正桥和引桥两部分组成，桥的南北各有一对复合式桥头堡（图 2-18），大桥头堡一对、小桥头堡一对。大堡塔楼高 70 米、宽 11 米，米黄色，分立于大桥两侧，大堡高高突出公路桥面，堡内有电梯，通往桥下的公园、铁路桥、公路桥和堡顶的平台。小堡位于大堡向引桥方向 68.7 米处，结构、外形、颜色与大堡类似，仅体量略小。小堡突出公路桥面的部分为高 5 米的灰色"工农兵学商"混凝土群像，为当时中国社会的 5 大组成部分，即工、农、兵、学、商，各有一座高 10 余米的雕塑，具有典型的时代风格。在桥头堡桥面以下部分，大堡侧面写有"全世界人民大团结万岁""全国各族人民的大团结万岁"，小堡侧面写有"人民，只有人民，才是创造世界历史的动力""我们的国家是工人阶级领导的以工农联盟为基础的人民民主专政的国家"等红色大幅标语。这些红色标语在 20 世纪 80 年代被铲除。1999 年大桥管理处为迎接新中国成立 50 周年，对南堡进行修缮时恢复了南堡标语。公路正桥两边的栏杆上嵌着 202 块铸铁浮雕，其中有 100 块向日葵镂空浮雕、96 块风景浮雕、6 块国徽浮雕。在 96 块风景浮雕中有 20 块不重复的浮雕，描绘着祖国的山河风貌、歌颂着社会主义中国的巨大成就，堪称"新中国红色经典"。

南京长江大桥在中国桥梁史上具有重要意义，创造了中国桥梁建设史上的许多新纪录。在建桥过程中发展出的低合金桥梁钢和深水基础工程等技术，可谓是中国桥梁建设的里程碑，是 20 世纪 60 年代中国经济建设的重要成就之一。

图 2-18
南京长江大桥桥头堡

2.2.4 钢筋混凝土梁桥

除了钢桥的突破，真正使梁桥大发展的还是钢筋、混凝土在桥梁建筑中的广泛应用。它们极大地提升了梁桥的结实程度，加之现代桥梁技术的飞速进步，使得梁桥不断地向更长、更高、更大跨度发展。

几千年前，人类已知道使用煅烧过的石灰或石膏。中国的万里长城和埃及金字塔都使用过这类初级的水泥。1824年，英国人约瑟夫·阿斯普丁（Joseph Aspdin）首先取得波特兰水泥的专利权，为发展现代意义的混凝土奠定了基础。水泥从原来只作胶结材料，变为结构主体。

19世纪50年代，人们对混凝土的性质有了更多的了解。它抗压性能很好，但抗拉强度仅及抗压强度的1/10左右。混凝土虽然有和天然石料类似的受压强而受拉弱的特点，但它却给了人们取其长而避其短的可能。人们可以在混凝土块件中先置入受拉材料，使混凝土和所包含的受拉材料共同工作而各尽所能，这样就极大地拓宽了混凝土的适用范围和功能。而使用最多的受拉材料就是钢筋。这种混凝土和钢筋的结合体就叫作"钢筋混凝土"。

自从钢筋混凝土于1867年诞生，一百多年来，混凝土和钢筋作为基本材料都在不断发展，但组合形成钢筋混凝土的基本原理并未改变。第一个付诸实践的是法国园艺家蒙耶（Joseph Monier），他在1867—1873年制造了钢筋混凝土花盆、木槽、管子、板凳等，取得包括钢筋混凝土花盆及紧随其后应用于公路护栏的钢筋混凝土梁柱的专利。1875—1877年蒙耶建造了第一座供人行走的钢筋混凝土桥，跨径16米，宽4米。蒙耶的配筋方法是在拱外缘加上一层钢筋网，钢筋的布置因为没有计算的理论根据，故未能得到推广。可是，这却引起了科学家的广泛注意，从力学理论上来探讨它，进而得到了很好的结论。1905年第一座钢筋混凝土桥问世，替代钢桥成为中小跨度桥梁的主流。

钢筋混凝土于20世纪初传入我国。它最初用于房屋建筑，原中东铁路局大楼（今哈尔滨铁路局办公楼）的楼板，就是现在现浇的钢筋混凝土板。钢筋混凝土用在桥梁上，则是20世纪20年代的事。1921年建设的河南洛阳天津桥，中间由21孔简支T形梁组成，每孔跨度9.2米，全长206米。20世纪30年代，日本侵占我国东北地区，修建铁路时，建造了一些小跨度钢筋混凝土桥梁。直到20世纪50年代，随着我国交通建设事业的迅速发展，钢筋混凝土在各类桥梁工程中才得以大规模应用。

一般来说，钢筋混凝土桥梁断面可分为实心板、空心板、T形梁、工字形梁、箱形梁等不同形式（图2-19）。

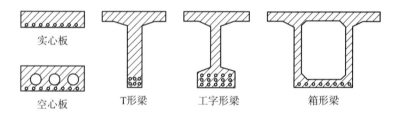

图2-19 钢筋混凝土梁断面形式

钢筋混凝土梁桥，在第二次世界大战中遭到大量破坏，人们也由此认识到钢筋混凝土梁桥更多的弱点。大量被破坏的桥梁在战后急需快速修复和改进，间接地促进了新的桥梁结构和施工方法的产生。钢筋混凝土梁桥受拉部分的混凝土会产生裂缝，内置的钢筋才会发挥受拉作用。裂缝会进水或水汽，引起钢筋的锈蚀，影响桥的质量与耐久性。人们想到采用预加力的方法，使受拉的混凝土部分先受压，混凝土不会产生裂缝，梁也就耐久了。预加力的道理很早已被认识，例如常见的木桶盛水：木匠用锯将木材修成条形木块，然后将木块按木桶的形状拼接起来，最后用铁箍箍紧。木块受到压力，从而使木板间的缝隙减小。木桶盛水，各个木块受潮会膨胀，木块间的缝隙会进一步减小，木块受到铁箍的压力与木块受潮后的膨胀力称为预加力。木桶盛水后,水向外的张力抵消一部分预压力,但不是全部,木块间仍有压力存在,所以木桶不会漏水。

我国的预应力混凝土结构是在20世纪50年代发展起来的,最初适用于预应力钢筋混凝土轨枕。预应力混凝土技术在桥梁工程中发展很快,尤其在20世纪70年代后期,我国修建的各类大桥几乎全是预应力混凝土结构。

自从有了预加力混凝土,梁桥的跨度大大增加,可达到300米。比如云南怒江六库大桥,全长337.52米,主跨154米,是全国同类型桥梁之冠。该桥将两岸的城镇连为一体,构成了一道江滨之城的风景线。站立大桥上,只见大峡谷群峰屹立,怒江冲破阻拦奔腾而至。大桥上,车水马龙,把大峡谷之城——六库,装点得更具魅力。

和钢铁的价格相比,钢筋混凝土要便宜一些。于是在预应力技术的加持下,大量公路桥梁如雨后春笋,纷纷登上历史舞台。钢筋混凝土桥梁在公路中十分常见,图2-20为高墩桥。

图2-20

高墩桥

链接:高桥墩能否一次浇筑成型?高桥墩施工是分节浇筑,目前国内较常采用的高桥墩施工方法有液压滑升模板法、爬升模板法和翻模模板法。搭设塔吊来实现材料的垂直运输,工人通过施工电梯上下。

时至今日,梁桥的应用依然十分广泛,甚至已形成标准组件,可以由工厂制造、在现场组装。即便其单跨跨度有限,但前后彼此相连,亦可如同逶迤蜿蜒的巨龙，横贯江河。图2-21是横跨青海沱沱河的两座梁桥。远处是青藏铁路长江源特大桥，由42跨组成，每跨32米。近处的是沱沱河公路桥。

图2-21
沱沱河公路桥

在青岛，不仅有红瓦绿树、碧海蓝天，还有一条美丽的"长虹"连接东西两岸。这条"长虹"就是青岛胶州湾大桥（图2-22），是中国首座"海上立交"连续梁结构。过去，由于胶州湾的阻隔，青岛东西两岸隔海相望，仅靠环胶州湾高速和轮渡连接，通行时间近两个小时，制约了两岸人员往来和经济发展。大桥通车后，青岛到黄岛通行时间缩短到40分钟。新连接线又把胶州也纳入其中。通过一座桥，把黄岛、胶州、红岛与市区连接起来，实现胶州湾城区的一体化。而且青岛胶州湾大桥，是我国北方冰冻海域首座特大型桥梁集群工程。在高盐度的海域，对结构耐久性提出了更高的要求，也是贯穿施工全程的一个技术难点。胶州湾大桥，让天堑变通途，实现了我们跨越大海、拥抱海洋的梦想。

一百多年来，人们在混凝土领域下了很大的功夫。经过人们的研究、实践，混凝土技术有了较快的发展，在桥梁施工中也形成了一套较为完善的作业模式。可以说，混凝土已成为土木工程中用量最大、应用最广的建筑材料之一。与此同时，钢筋混凝土桥也成为20世纪的宠儿。

图 2-22
青岛胶州湾大桥

2.3 梁桥的受力特点

将石梁或木梁架设在沟谷两岸，便构成了梁桥。如前所述，我国古代曾长期以"梁"指桥。梁桥的构造简单，历史悠久，使用广泛，数量众多。在其他桥型的结构组成部分中也都少不了梁。

梁桥是以梁作为上部主要承重结构的桥梁，梁的轴线一般是水平的，这种外形平直的桥，古时也称为"平桥"，其受力特性主要是承受弯矩作用。在竖向荷载作用下，梁端支点处只产生竖向反力，不产生水平反力。时至今日，梁桥有很多分类方法，本文仅就承重结构的静力体系进行分类，可以将梁桥分为简支梁桥和连续梁桥。

2.3.1 简支梁桥

简支梁桥以孔为单元，两端设支座，一端固定，一端活动，结构简单，架设简便，可降低造价，缩短工期。但在接近支座的梁段承受弯矩很小，跨中弯矩较大。如果采用等截面梁时，这一结构受力特性将导致材料浪费，并且跨度愈大，浪费愈大。所以简支梁桥一般只适用于中小跨度。

简支梁是静定结构（图 2-23）。支撑不均匀沉降，并不影响梁的内力分布。简支梁对基础要求较低，能适用于地基较差的桥址，但会造成相邻两跨之间的连接不顺畅，线路在竖向形成折角，影响行车舒适性。现代公路桥中常在架梁后设法将桥面做成连续的，以改善桥面的行车条件。

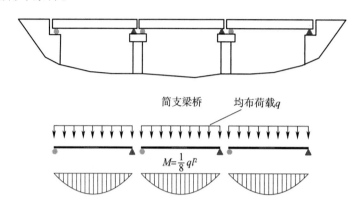

图 2-23 简支梁桥简图及受力分析

若要进一步提高跨度，这种桥必将面临一场进化，于是连续梁桥诞生了。这是一种"多墩架一梁"的桥，由于梁体连续不间断，前后的弯曲可以互相约束，想被"折断"就没有这么容易了。

2.3.2 连续梁桥

从桥的建筑结构看，最初只是一木成桥，一石成桥。但是，单个木或石的长度有限，难以满足人们想更大跨越的愿望，聪明的工匠逐渐摸索出将若干木或石连接成一个较大的整体的技术和增加桥墩等方法，使得梁桥的长度越建越长、规模越来越大、结构越来越复杂。

主梁若干孔为一联，连续支承在几个支座上，是超静定结构，即连续梁桥（图2-24）。当跨度较大时，采用连续梁较省材料，更适合用悬臂拼装或悬臂灌筑、纵向拖拉或顶推法施工。连续梁的行车条件好，适合于中等以上跨径桥梁。同样的载重和跨度下，连续梁的弯曲要比简支梁小。

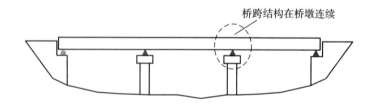

图 2-24 连续梁桥简图

2.4 梁桥的美学设计

梁桥在桥梁的应用中最为普遍，其建造风格简洁质朴。本节从美学的角度对梁桥的造型设计进行探讨，以期丰富读者的赏析视角。

2.4.1 主梁形态

梁桥是一种在竖向荷载作用下无水平反力的结构，由于外力的作用方向与梁的轴线趋近于垂直，其主要承重构件是梁。在满足受力要求的前提下，使梁的形态优美、纤细轻盈、流畅连续一直是梁桥美学设计的重要内容。

梁桥一般采用等截面梁和变截面梁。等截面梁在表达形态上比较简洁，但是其美感容易受到梁，的长细比影响，当长细比较小时，梁会显得笨重。

在连续梁中，变截面梁会使梁桥具有独特的建筑艺术美感。那什么是变截面梁呢？对于变截面梁，我们通过观察可以看到，在桥墩的位置梁最"厚"，而在梁的中间位置最"薄"，由桥墩到跨中呈曲线变化，梁的各个位置的横截面不一样，这就是变截面。在满足力学要求的情况下，变截面使得结构变得轻巧。

变截面梁的梁底线形通常采用曲线形，它使桥梁增加柔性和韵律，使其在原本简洁的个性中体现出一点点张扬，桥梁更富有活力。以直线呈刚性，曲线呈柔性，即刚中有柔、柔中有刚才能更为生动。桥梁如果再随线路形状而变化，将成为一曲立体的交响曲。

新加坡人行天桥——亨德申波浪桥（Henderson Wave Bridge）（图2-25），外观仿佛翻滚的浪潮，有4个波峰和3个波谷，8米宽的桥身就在其间穿过，生机盎然、充满活力，柔美的桥梁构造又蕴含着强劲的张力。这种"运动"的规律，让整座桥梁达到了力度与视觉的高度统一。

图2-25

新加坡人行天桥——亨德申波浪桥

2.4.2 桥墩

桥墩是桥梁的主要结构，桥墩的结构形式、数量、布置，以及与主梁的组合都会对桥梁的美产生很大的影响。合理的桥墩设计和布置，不仅是桥梁满足结构设计的要求，也是桥梁美学的要求。因此，桥梁美学设计必须要考虑桥墩的造型。

对于上部结构比较单调的梁桥，桥墩是重要的视觉元素，其造型是否符合桥梁风格、是否优美，直接决定桥在人心目中的整体形象。因此桥墩对梁桥的造型影响很大。对于体量较大的梁桥，并且桥下景观和交通要求比较高的时候，桥墩可以通过如下处理手法创造轻巧的形象。

（1）缩小桥墩底面面积，减轻桥的重量感，并且可以对桥墩采用内收、挖空等处理手法，使桥墩外形产生丰富变化的同时，也减轻了桥梁的沉闷感。

（2）采用Y形、V形、H形等空透式异型桥墩，通过空透的形体产生轻盈感。

（3）通过给桥墩设置纵向线条或凹槽（如同西方古典柱式），强调竖直方向感的同时也虚化了桥墩，凹入部分可减轻桥墩笨重的体积感。

另外，下部结构的设计根据实际情况，通过减少墩柱的数量，来增强桥下的透明度。墩帽的设计可以通过采用T形盖梁、隐含式盖梁、半隐含式盖梁或干脆取消盖梁等措施，使桥墩看起来不那么粗大、厚重。

对于需要通过桥墩表现力量感与浑厚感的梁桥，处理手法则与上面恰好反过来。在桥墩的形式上应避免挖空、内收等形体处理手法，增强桥墩的浑厚感；将表面粗糙、无光泽、具有较大体量的材料作为贴面材料，如砌石、毛石等。

色彩的不同处理手法也可使桥墩产生或轻巧或稳定等不同的感觉。例如将明度高的色彩（轻感色）设置于结构上部，以使上部结构在视觉上取得较好的轻巧感；反之，将深色置于桥墩下部，以增加下部的重量感，加强稳定感。另外，桥墩若采用表面光滑反光的材料可以使桥墩更为轻巧灵动，而粗糙质朴的表面则使桥墩更加雄浑厚重。

2.4.3 桥台

桥台作为将作用在桥梁上部结构的荷载传递到基础的结构，一般设置在桥梁的端部，并且和路堤相连接，抵挡两侧土体的土压力，保证桥梁安全。桥台的造型和桥梁整体是否协调，以及与周围环境是否融洽是桥梁美学设计的重要内容之一。特别是在跨数较少的桥梁中，桥台造型的美学设计和桥梁整体美学设计息息相关，同时对桥址附近的环境也会产生较大影响。

桥台的位置、形式取决于桥型、水文、地质等各种制约条件。决定桥台最终视觉效果的因素主要有上部结构梁高、桥台高度、桥下净空和以上各因素之间的比例关系。桥台体量越小，桥梁整体造型越显得轻巧，但是这样会造成桥梁跨径增大，因此需要综合考虑。以下几个要点是做到桥台给人以良好视觉效果的关键。

（1）尽量减少桥台的体量。大体积的桥台会使桥梁外观的长细比减小，同时也减少了桥下空间，削弱了景观效果。因此，减少桥台体量可以使桥梁看起来更长、更优雅——当然，这样做有时会引起跨径的增加。

（2）重视桥台与桥梁两侧环境的结合形式。桥台与桥梁上部结构及桥梁地基的结合方式与桥梁的美学形象直接相关，特别是在大型薄壁桥台中，桥台的连接形式对于桥梁造型影响重大，因此需要设计人员认真对待。

（3）桥台造型要和周围环境相协调。通过与周围环境的互相衬托，往往能够使桥台造型具有美感。第一，可以对桥台的材质表面进行合理修饰，尤其是对于大型桥台，可以在其表面进行铺装、衬砌、雕刻、装饰等。第二，对于桥台周围土体进行修饰。如果桥台周围土体荒芜，颜色单调，会对桥台产生不好的影响，给人一种负面情绪。因此，可以通过对桥台周围土体进行绿化、铺砌等手段，对其进行改造，从而与桥台构成具有一定美感的造型效果。

2.4.4 栏杆

栏杆作为桥面系统的重要组成部分，置于桥面边缘，属于桥梁的附属设施，是一种安全保护装置和措施，会给人带来视觉上的安全感。在美学上，梁桥因为形势水平、坦直，以水平线条为主，在桥面上没有任何其他造型构件，因此，尤其需要栏杆造型的适当多样化，以改变桥面上原本单调的景观。栏杆的线条可以为垂直的，也可以穿插弧线、曲线，以此减弱梁桥桥面强烈的水平线条感，丰富梁桥线条类型。因此，栏杆作为梁桥桥面造型的组成构件，影响着桥梁的整体形象。栏杆在设计上主要考虑尺度、材料、比例、造型及背景因素。栏杆的尺度对桥梁整体会产生很大的影响。如果栏杆造型纤细，通过对比可以衬托出桥梁整体的高大、雄伟。反之，如果栏杆宽厚、粗壮，则会使桥梁整体显得矮小。尺度对比可以给人完全不同的心理感觉。因此设计者可根据实际情况，选择不同的尺度效果（自然尺度、夸张尺度、亲切尺度）以达到预期目的。

栏杆材料的选择也明显影响着桥梁的风格。金属属性的栏杆表现出较强的现代感和城市气息，风格简洁明了，一般没有过多的装饰细节，表达理性、锐利的情感；混凝土制作的栏杆，给人亲切、质朴、厚重的感觉，可以营造一种自然情趣，或是沉稳厚重的桥梁风格。

另外，栏杆的高度与桥面宽度、人行道高度都存在一定的比例关系。根据实际需要建立适宜的高宽比例，可以获取理想的视觉效果。例如，当桥面和人行道较为狭窄时，设计者可采用往外凸出的曲面通透栏杆，使空间和视觉都可以向外延伸，营造人行道的开敞感觉。

2.4.5 其他构件

梁桥的梁体也是左右桥梁造型的重要构件之一，在造型设计上，一般考虑如何尽可能地减薄（或从视觉上减薄）梁的高度，以使桥梁更灵动纤巧。箱形梁的建筑高度比较小，整体受力性能佳，是梁桥广泛采用的结构形式之一。同时采用梯形箱梁，或是将箱梁的外侧腹板做成倾斜状，更加可以增强纤细效果。

板悬臂部分可以通过悬挑使整个梁体处于阴影之中，梁体远远向后退缩，以此来达到纤细的效果。安全带或人行道也可以尽量外挑，减轻梁体自重，使下部墩数减少，既具有力学和经济上的意义，也具有美学上的意义。

2.4.6 梁桥美学设计要点

梁桥造型要注意从整体着眼，力求形式优美、线条明快、构造清晰、纹理有致。在设计上需要注意以下几点。

1. 比例与尺度

比例是指整体或局部构件的长、宽、高之间的尺寸关系。比例和谐是一切建筑物美学质量的基础，对于梁桥而言，需要考虑桥梁整体高度、宽度、跨径深度之间，悬臂结构与支撑之间，以及梁高与跨度之间的三维比例关系。良好的比例不应当被科学数据制约，有时符合力学的数据在人的直觉上并不符合良好的比例与尺度要求，因此设计师要有一定的美学修养与直觉把握。

如果想要给梁桥塑造轻巧感觉，桥梁的每个构件也不是越细、越薄就越好，而是要考虑比例与尺度的合理性。例如，梁桥的宽度与高度都比较大，上部显得比较厚重，下部若配以感觉纤细的桥墩，并不能使桥梁显得轻巧，反而给人头重脚轻的不安定感。薄墩厚梁、薄梁厚墩都会导致比例不协调。桥梁的比例、形式与环境也有莫大关联。例如，在开阔地带的跨线桥，若配以宽大的薄壁墩（宽桥）则会给人阻塞的感觉，同时也会破坏桥梁与环境的融合。

2. 材质与色彩

对于形体水平、坦直、简洁的梁桥而言，适当的表皮装修对于提升桥梁的整体形象很有帮助，尤其对于有人流经过的梁桥，更需要表皮材质对桥梁品位进行整体提升。现今梁因为多数采用混凝土，其灰暗的色彩往往给人沉闷的心理感受，倘若不进行装修就会导致桥身全身灰蒙，且容易布满污迹，十分影响城市形象。梁桥的装饰多以水刷石、贴面、喷涂、普通室外涂料为主，在条件符合的情况下，最好采用天然石材饰面，显示出材料自然表现质地的同时也提高了质感档次。对于桥墩和桥台，可以采用粗糙面。而装饰面板、梁、栏等，最好可以用平整而无光泽的表面，保持其材料的色泽。若要使用混凝土，则以采用浅色硅酸盐水泥抹面为佳。

色彩在美学上起着重要作用，特别是结合桥梁所选用的材料，应认真考虑色彩与材质结合所表达的感觉。梁桥的风格质朴，所以不太适合过于奇巧的色彩,并且色彩不宜过杂,应注意在比例和色调上的搭配。桥跨结构和桥墩可涂成同一种颜色,强调结构的一致性;亦可根据实际需要,用对比的色彩把桥跨结构和桥墩区别开来。通常深色的桥墩配以浅色的桥跨结构,可以突出桥墩的轻巧和纤细。

3. 形体与环境

城市环境中高高低低的楼群,使得桥梁的存在既不应过度否定,也不应过度强调,而是应当采用融合的手法来处理桥梁和环境的关系。而梁桥与造型张扬的索桥相比,正好适合这样的环境。梁桥开朗平直、简洁有力,尤其适合修建在原本环境就已经比较杂乱的城市环境当中,能够维持人们的视觉平衡,打造和谐的城市空间景观。

梁桥跨越的可能是河流,也可能是其他的行车道,因此其下部形体必须要考虑到与下部的行车道及绿化的关系。是与环境融合,尽量隐于环境之中,还是突出桥梁本身,吸引人的注意力,这需要结合实际来协调桥梁与环境的关系。

随着跨度的不断增加,梁桥各部分体量增大。因而比例选择、构件配置以及与周围环境的协调等,在梁桥艺术表现方面都极为重要,也是梁桥设计美学处理上的难点。

最原始的梁桥大多是单跨的,虽然简单且只有一跨,但简约而不简单。它给人带来一种跨越感,进而深刻改变人类的生产生活方式,极大地促进了社会的发展。

苏州园林中水渠众多,不同的景观遍布整个园林。为了能够领略各色美景,就要修建桥梁。不同形式的桥梁对园林起到画龙点睛的作用,使其更具有美感。在苏州园林中有许多单孔的梁桥,它们大多形态质朴轻快,无柱无栏,野趣自生。

对于更宽阔的水面或者沟渠,梁桥的一跨很难实现跨越。因此人们在水中建造更多的桥墩,单跨梁桥就发展成多跨的梁桥,从而增大桥的跨越能力。比如我国著名的安平桥(图 2-26),它位于福建省泉州市晋江安海镇,建于宋代,当地人俗称"五里桥"。桥面由大石板铺成。它是古代跨度最大的梁式石桥,也是我国现存最长的海港大石桥,有"天下无此长桥"的美称。全桥的材料用的都是花岗石,总长为 2255 米,共有 361 个桥墩。362 跨的安平桥,实现了大的跨越。它犹如一条玉带连接着两岸,造福人民。

第 2 章
守成与突破——梁桥

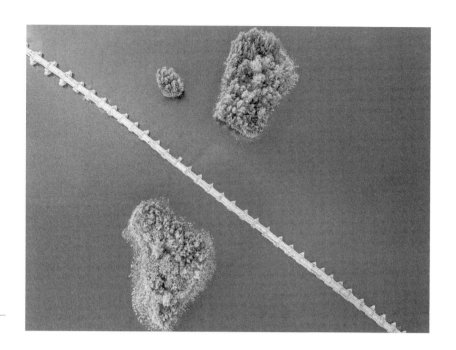

图 2-26
泉州安平桥

第 3 章
古风与凌云——拱桥

　　从峡谷到平原，从江河到海峡，似乎都已被人跨越，但实际上还远远不够。面对陡峭的崖壁、湍急的水流，或是桥下交通的需要，梁桥竖直的桥墩已然无处安放，人们需要一种一跨而过的桥型，比如"拱桥"。

　　"拱"的字义，不是从拱桥的构造，而是形象地从其他事物中假借而来。《说文解字》释拱：敛手。抱拳敛手谓之拱。环绕合执、隆起弯曲都称为拱。《徐霞客游记》以巩作拱，《说文解字》释巩："以韦（皮带）束也。"《易经》曰："巩用黄牛之革"，便是以环绕合执的形态，因此借用作拱。

　　自然界中有天生拱桥，而大自然中一种神奇的现象也激发了人类建造拱桥的灵感——那就是雨后美丽的彩虹。狂风暴雨之后的彩虹，清新而绚丽。如果能踏上这条美丽的彩虹之桥，就可以跨越河流、山川，走到更广阔的天地去。中国众多的文人将拱桥形容为彩虹，唐代大诗人李白就有"安得五彩虹，驾天作长桥"的浪漫诗句。

　　拱桥是一种既古老又年轻的桥梁形式。古代人类在拱桥的修建方面就已经达到很高的造诣，保留至今的古代桥梁多半是拱桥。伴随着科学技术的进步，拱桥作为五大桥型之一，至今仍然充满旺盛的活力。拱桥散布于世界各国大小城镇和乡村僻野。古代拱桥的千姿百态，风姿绰约，历史印造的斑斓，主要表现在拱轴曲线造型上的变化。当代拱桥式样的绚丽多姿，繁花似锦，充满现代气息，在结构形式与构筑方法的丰富多彩上也表现得更加明显。

3.1 拱桥的由来

　　关于拱桥的起源众说纷纭，莫衷一是。有人认为，拱桥起源于自然界天生的桥梁中。由于水对岩石的侵蚀作用，形成天生的拱桥，对人类创造拱桥有很大的启发。可是要过渡到用零碎的材料砌筑拱券，其间尚有距离。拱券的砌筑，可能是由于平砌逐层挑出的叠涩，或由简单的三边、五边折边拱演变而成。可惜这些由简而繁的桥梁结构实物，并不是按时代的先后顺序出现的，而是在时代上错乱排列，由简而繁，不过是逻辑推理上认为应该如此而已。

中外桥梁史学者都曾探索拱的起源，然而又觉得事涉渺茫，毕竟何时何地第一次出现拱是说不清楚也是不必深究的。但毋庸置疑的是，拱桥的产生与应用，在人类克服自然、迈向文明进程中起了极其重要的作用。拱桥较之石梁桥不需大条石，可以使用小石块建造，不仅取材方便，而且跨越能力强，还能采用砖这种人工材料建造；较之木梁桥和藤索桥，不仅取材方便，而且耐久。在混凝土、钢材等建筑材料和建造技术的快速发展下，拱桥仍是大量应用的桥型之一。

探本求源，拱桥的由来无外乎有以下五种可能。

3.1.1 天生拱

自然制造的"拱桥"，是最主要的一种"天生桥"，也是地球上出现最早的一种"桥"，其诞生时间一般远远早于人类始祖诞生的时间。天生桥又非常坚固，只要大自然不毁灭它们，它们就会永久屹立。人类祖先同它们相处之早之久，可以说是"与生俱来，世代共存"。而且它们那聚天地之灵气的雄姿矫态，又最能激发人类的想象力和创造欲。

"天生桥"遍布全球。在西半球，坐落于美国犹他州南部的虹桥是世界上最大的天然石拱桥（图3-1）。当地一直以其土著部落而闻名，而这些壮观的沙石构造直到20世纪初才被美国的研究者们发现。虹桥离地94米，足有30多层楼房高，跨距85米，顶部厚13米、宽10米，全由橙红色和玫瑰色砂岩构成，宛如彩虹横空，故名"虹桥"。虹桥气势磅礴，雄奇绝伦，故又号称"世界最大奇观"。

英国的杜德尔门坐落于英格兰南部的侏罗纪海岸（图3-2）。与其说它是一道门，倒不如称它为一扇窗。从"窗口"穿过的是英吉利海峡冰冷的海水。杜德尔门是由波特兰石灰岩构造而成，这种石灰岩比泥土和砂浆都要坚硬，能保护桥身不受海浪冲蚀。但杜德尔门终有一天会裂开，它的顶部会掉落下来，而边角部分将慢慢分离，最后变成海峡上的一座小岛。

图3-1
美国犹他州拱门国家公园的虹桥

图3-2
英国的杜德尔门

布柳河仙人桥（图3-3），位于广西乐业县新化镇磨里村。它的形成距今已经有两亿多年漫长的历史，是罕见的天然拱桥。仙人桥桥长280米，跨度177米，桥高165米。布柳河两岸山峰标高500～1260米，绝景天成，气势雄伟，被专家称为世界上最大、最美的水上天生桥，具有极高的观赏价值，有"天堂之旅"的称号。自远处眺望，桥体巍峨雄伟，桥上绿树常青，秀丽壮观，宛如一条巨龙跃然其上。

图 3-3

广西布柳河仙人桥（黄勇士摄）

远古人类不可能从结构力学的角度理解拱桥的种种好处，也不可能较早掌握建造拱桥的复杂技术。但人类同石头打交道的历史最久远，最早制造出来并长期使用的工具也是石器。在具有强大诱发力的天然石拱面前，古人即使仿造不出像样的石拱桥，也完全可能利用某些现成材料或稍作加工后造出略具拱形模样的石桥。退一步说，"天生拱"至少会给古人造桥（不管造什么样的桥）念头的萌生以直接的诱发，因而具有普遍的、重要的意义。

浑然一体的天生桥，可以启发人们做隔空跨越的尝试，然而离用石块砌拱还有很长一段距离，可望而不可即。

3.1.2 土穴说

《易·系辞下》称："上古穴居而野处，后世圣人易之以宫室，上栋下宇，以待风雨。"《礼记·礼运》亦说："昔者先王未有宫室，冬则居营窟，夏则居橧巢。"今天发现的原始社会，如北京周口店、山西垣曲、广东韶关和湖北长阳等旧石器时代的"山顶洞人"，都是居住在天然的山洞之中。

新石器时代已经有了浅穴（竖穴）上盖木架、茅顶，用草泥糊的浅穴居和宫室的结合。但是在黄土高原地区，仍然存在不少窑洞，用于人们的生活和居住。黄土窑洞是筒拱建筑，靠自然土的拱作用，稳定而不坍落。只是在窑洞洞口避免雨水流淌而用砖砌拱。砖拱当然是后世的产物。

在土壤条件合适的地方，如戈壁滩、黄土高原等地区，还能挖到土穴墓葬。土穴墓始自战国，洛阳金谷园东汉墓的一个耳室为土穴。新疆吐鲁番阿斯塔那（汉意首府）高昌时代土穴墓（图3-4）是攒尖（覆斗）和穹隆（覆盂）式的土穴，也体现出对立体拱作用的充分认识。

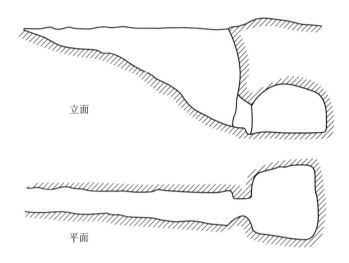

图3-4

新疆吐鲁番土穴墓

中国长城，起自战国，联于秦汉，完善于明代。从长城这座伟大的建筑上，我们能够看到拱的发展历程。遗憾的是，秦汉及以前的长城，仅存遗迹，见到的仅是长城的断片残垣，或孤立的烽火台，已看不到城门、楼台等建筑。现存的古代砖石城墙和城、堡、障、喉等，虽有很多砖石拱门或射窗孔，但大多是明代的建筑。在丝绸之路的汉长城的烽火台上，可以见到破坏成尖拱形的土城门洞，是不是西汉时的原型，已难查究。

陇东地区的黄土高原，长久被雨水侵蚀而为梁为沟。深沟之间有时造土桥，堤为主而桥孔少，但仍以土桥为名。从天生石洞到人工土穴、土门洞、土桥洞是对拱作用认识和利用的一个方面。

3.1.3 陶瓮说

陶器的发明很早，距今五六千年以前的新石器时代已有了陶制的盆、瓶、罐、鬲、瓮等日用陶器。陶器一般都制作成圆形，已经使用了简单的旋转工具。在西安半坡村新石器时代遗址中，房屋建筑用木构、草顶和泥墙等制成。

《礼记·儒行》中记载，穷苦的学者"蓬户瓮牖（窗）"，以陶管或无底破坛子、砌在土壁之中作为窗户,这也许就是当年新石器时代的原始格局。在广东的潮汕地区,古时可见到用数根圆形陶管砌在墙中,作窗或通气孔的房屋。而中国石拱桥建造,称砌拱为"卷瓮"或"骈瓮"。《营造法式》称石拱为"舆窗"。

新石器时代墓葬,儿童都用瓮葬。瓮竖立土坑中,上盖石块、陶盆或陶片。1954年,辽阳发掘出数量达348座儿童陶棺,长者120厘米,短者30厘米,分别用2~5节不同的陶器,如锅、瓶、盆、罐、钵、甑、壶、衮等套接而成,横埋在土中。

陶瓮内存水、酒、粮食。瓮壁可以提高器物的抗拉裂能力。埋于土内,瓮壁起拱的作用,可以提高器物的抗压能力。而环绕合执不就是拱吗?

后代用陶器作为建筑材料,先是半规瓦、后为空心砖、小砖……从瓮出发人们发现了拱的作用,然后用砖石"卷瓮""骈瓮"以造"舆窗",这也是一种合理的逻辑进程。

3.1.4 叠涩说

自从用比较整齐的砖或石块砌墙,为使其门窗留孔,就有左右挑出檐石、上搁木板或石梁的做法。多层的叠石,层层挑出,左右相接,在中国称为"叠涩",国外称"假拱"。国外对石拱的起源,大部分主张由"天生桥"得到启发和在古希腊建筑及埃及金字塔内发现的"慢拱"演变而来的学说。然而叠涩不是拱,不产生拱推力。叠涩和拱结构现今仍并存在中国古今建筑和桥梁领域。

湖北秭归与巴东两县交界处的溪河上,清代乾隆年间建造的寅兵桥,为单孔尖拱(图3-5)。桥由两县各建一端,因此选料和构筑工艺不尽相同。尤其是此桥北侧桥孔中心分界两端的结构方式完全不一样。秭归一端,采用传统的拱券带眉石结构;而巴东一端,不设拱券,用逐层向桥孔中挑出的叠涩方式。东西合拢成为整体,桥洞自形成完整的拱形。秭归拱顶横推力作用于巴东叠涩墙上。巴东半"拱"不产生推力,其倾倒的趋势为秭归半拱推力所顶住。此实为古桥中斗胜的奇构。

遗留下来中国最早的假拱实物也许是春秋时代,今苏州的"烽燧墩"石坑。江苏吴县、木渎一带,屏障太湖的五峰山岭上,每遇险要处,常突出一个个高大的土墩,络绎不绝,相互呼应。自古来群众中相传,认为"秦始皇北筑长城、南筑墩",是墩内造石坑、坑内置泥香炉、烛台等物,以求长生不老的"风水墩"。1954年,考古工作者进行个别的探掘,判断为春秋吴越之争时期,吴国(公元前585～公元前476年)所建以防越兵的"烽燧墩"(与风水谐音,图3-6)。

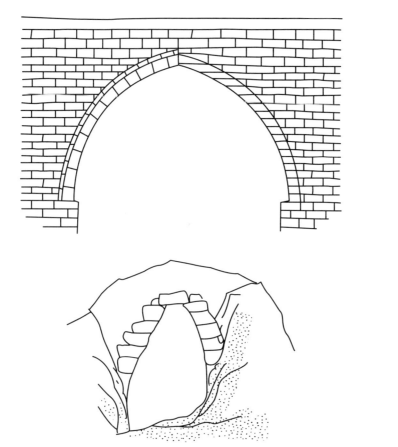

图3-5
湖北秭归寅兵桥单孔尖拱

图3-6
江苏吴县"烽燧墩"假拱

这些"烽燧墩"外包封土,内为帐篷式的人工砌筑石室,平面呈袋形。小口处为窟门,门高约2.3米,底宽1.43米。进门洞后,窟室最狭处1.06米,最宽处1.66米。两壁及后墙石块皆随意堆砌,并无定形。两壁光整,底大上收、壁顶间盖有成形光整的长形石顶板。这便是假拱。如顶上石板嵌于石壁,与之相抵,便成真拱。由此可见,春秋时期尚没有拱。

3.1.5 折边说

过去认为中国石拱桥的历史记载不早于晋,存在的实物不早于隋。地上建筑不易长期保存,可以从地下建筑推见拱桥的起源。考古专家们根据历史记载和考古发掘的结果,得出按时代分墓葬结构大致情况的方法。

从新石器时代到汉代,先后出现了土坑葬、陶瓮葬、土坑竖穴、木棺木椁、土坑横穴、以砖室以代替木椁的墓。到了汉代,墓的形式就复杂起来了。汉代主要有:单纯土洞墓和竖坑棺椁墓。空心砖墓,发生于战国末期,盛行于西汉前期。空心砖因手制孔的关系,一般长1.3米,最长1.5米。最初是平空心砖椁墓,由于顶砖在土压作用下易于折断,改为两砖斜搭成尖顶的空心砖椁墓。在西汉和东汉相接时期,出现了三、五、七或更多的折边空心砖墓。

西汉中叶已盛行小砖(或楔形或扇形)筒拱墓,并列砌筑。如禹县白沙西汉墓(楔形砖)、洛阳西汉壁画墓(扇形砖)、洛阳烧沟汉墓等。西汉末年墓葬由单人改向双人,墓室由长方形转变为方形。

东汉中叶以后,出现石室墓。一般称为画像石墓。在这些画像石墓中,不但墓室本身的构造提供了拱发展的线索,同时发现的各种汉代桥式的画像,对桥梁发展史的研究也起到很大的帮助。

唐、宋代墓室平面已有四角、六角、八角、圆形等,往往内部能雕砌成仿木结构,墓顶则叠涩和拱式薄壳并用。有时在一个墓的墓顶砌筑时两法并举。明、清墓室多半为半圆筒形拱室。帝王为石墓,民间用砖墓。

综合这些情况,西汉和东汉之间是砖拱由平板及三、五、七等折边拱演变为圆拱的时期。刘敦桢《中国古代建筑史》绘其形制如图3-7所示。

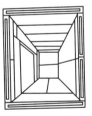
板梁式空心砖墓
河南洛阳

斜撑板梁式空心砖墓
河南洛阳

折线嵌楔形空心砖墓
河南洛阳

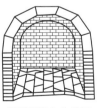
折线楔形空心砖墓
四川成都

折线楔形企口空心砖墓
四川成都

半圆弧形小砖券墓
四川成都

图 3-7
中国汉墓砖拱演变图

拱桥的由来可归结为，天生拱，给人以各种拱的形式的启发；土穴说，使人产生对拱和穹隆结构有安全感的经验；陶瓮说，可以解释何以长时期里，人们总认为半圆拱在河下还有半拱的猜测；假拱，使人知道拱不单是外形，还应有真正的拱作用；折边拱，才是一步步走进了人工砌拱的殿堂。

3.2 拱桥的特点

3.2.1 拱桥的受力特点

拱桥是在墩台之间以拱形的构件来作承重结构的。拱形构件于垂直荷载作用下，在墩台上产生垂直反力的同时，还产生水平推力。拱形构件受弯又受压，且常以受压为主。

这些天生的桥为什么耐久不倒呢？其实它的作用原理就是现代拱桥的原理。拱其实就是弯曲的梁，拱结构在自重作用下相互挤压，均匀分担外界的压力，这就是拱结构的特性。在现实生活中，许多小朋友都做过手握鸡蛋的游戏。选一个没有裂纹的鸡蛋，把它握在手中，即便使出全部力气，只要用力均匀，也不能把它握破。实际上蛋壳并不是非常坚硬的东西，为什么可以承受那么大的力量呢？秘密就在于蛋壳是弧形的。它可以把表面上的力，分解为与蛋壳平行的力，并且沿着蛋壳传递到各个部位，使蛋壳均匀地分担了外来压力。拱结构也有这种特性，所以能承受很大的压力而不垮塌。

3.2.2 拱桥的组成

桥其实也是一种路，但它不是躺在地上而是悬在空中，这一悬，就悬出问题来了。桥上的一切重量、风力、震动等外界荷载，是怎样传到水下土石地基的呢？从桥上路面到水下地基，高低悬殊，当中有什么"阶梯"能让上面的荷载，层层下降、安然入土呢？

拱桥上部结构包含三个部分。首先是起承重作用的主拱圈。由于主拱圈是曲线形，一般情况下车辆无法直接在曲面上行驶，为了解决这一问题，拱桥上部结构第二个部分就是一个供车辆行驶的桥面。那么拱圈和桥面是通过什么连接的呢？古代拱桥，需要立柱和填充物，二者统称为拱上建筑，它们使拱圈与桥面连为一体，起到传递力的作用。

拱桥下部结构包括桥墩、桥台，以及墩台以下的基础。由于拱受力后存在一个水平推力，因此建造拱桥时应注意选择地质情况较好的位置。比如当河流两岸有比较坚固的岩石地基时，就适合建造拱桥的桥墩。这是因为岩石可以较好地抵抗拱的水平推力，就好像用两只大手从两岸把拱桥"挤住"。

拱桥不但可以做成单孔的形式，在跨越较宽的江河时也可以做成多孔连续的形式。古代多孔拱桥的孔数以奇数为多，偶数较少。这是因为在我国古代的阴阳学说中，把奇数看作是"阳"的象征，把偶数看作为"阴"的象征。

在多孔拱桥中，如果当某一孔的拱受力时，能通过桥墩的变形或拱上结构的作用将荷载由近及远地传递到其他孔的拱上去，这样的拱桥就称为连续拱桥，简称连拱。如古罗马加尔德引水桥就是一座连续拱桥。

那么如何区分拱桥的类型？为了能够让车辆通行，现代拱桥需要把拱变"平"。平桥面可以有三个位置，即上、中、下，让我们通过图 3-8 了解一下。

上承式拱桥（图 3-8a），桥面位置在桥跨主要承重结构拱（桁架、拱肋、主梁）以上，有较大的桥下空间，时常与实腹式、空腹式拱桥相结合。

中承式拱桥（图 3-8b），桥面部分设置在桥跨主要承重结构拱中部的桥梁。桥面系一部分用吊杆悬挂在拱肋下，一部分用立柱支撑在拱肋上，称为中承式桥。

下承式拱桥（图 3-8c），桥面部分设置在桥跨主要承重结构拱下部的桥梁。由于车辆在两片（有时为三片）拱肋之间行驶，所以需要用吊杆将桥面系悬挂在拱肋下。

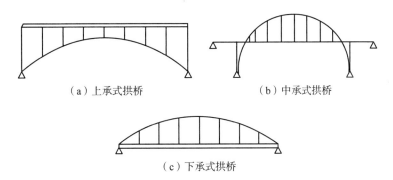

图 3-8

按结构特点分类拱桥

贵州省江界河大桥（图3-9），采用了我国首创的桁架拱，结构类型上属于上承式拱桥。大桥全长461米，宽13.4米，桥面至最低水面263米，主孔跨径330米。桥设计了两套锚固设施，40多个锚固点，嵌入基岩8~10米，将桥梁基础和地基牢固连成一体。拱座上的主柱，高55米，采用悬挂模板支架现浇，像两座雄伟的建筑，傲然挺立在乌江两岸的悬崖峭壁上。

图3-9
贵州省江界河大桥

3.3 拱桥按材料的分类

拱是桥梁最基本的结构形式之一。拱桥造型优美，历史悠久。公元前1300年左右在希腊迈锡尼地区就出现了石拱桥的雏形。受到建筑材料的局限，石拱桥一直沿用到18世纪。受自重和经济性制约，各种砌筑材料砌筑的拱桥难以向更大跨径前进。18世纪后期开始，人们先后采用铸铁、锻铁修建了一些拱桥。英国在1779年建造的科尔布鲁克代尔的铸铁拱桥（图1-10），是拱桥进步的一大标志。19世纪中期以来，随着社会发展和科技进步——主要是钢材制造技术的进步，出现了高强轻质合金钢，促使钢桥建造技术不断发展和完善。但从经济角度来说，在现代大跨拱桥中，钢筋混凝土拱桥与钢箱—混凝土组合拱桥是最具竞争力的两种桥型。拱桥的发展，离不开人类对材料的认识与应用，让我们以建桥材料为主线，来了解拱桥的分类。

3.3.1 石拱桥

若说古希腊建筑的最大特征是带双坡屋顶的梁柱结构的话,古罗马建筑的最大特征就是拱券结构了。从公元前2世纪开始,古罗马人就开始修建各种石拱建筑(包括石拱桥),发明了半圆形石拱、用于建造水下桥梁基础的木桩围堰、火山灰天然水泥等重大技术。可以说,即便古罗马人不是拱桥的发明者,也是古代拱桥技术的伟大创新者和实践者。

拱桥发源于西方,并逐渐形成了较为成熟的技法,大概在东汉时期传入中国。我国石拱桥最早记载于1957年在河南新野县安乐寨村出土的东汉画像砖(图1-3),该画像砖刻有石拱桥图形,桥上有车马,桥下有两叶扁舟,证明当时已经修造跨河石拱桥。唐代曾以弧形板石及横向长条锁石为建筑原材料修筑拱圈,以此修建的石拱桥自重较小,被广泛应用于江南的软土地区。在《水经注》中,对晋代旅人桥的描述如下:"桥去洛阳宫六七里,悉用大石,下圆以通水,可受大舫过也。"由于拱桥的突出特点,有许多世界著名的名桥都是拱桥。

1. 赵州桥

赵州桥原名安济桥,坐落在河北省赵县洨河上,横跨洨河南北两岸,因桥体全部用石料建成,俗称"大石桥"。建于隋朝,由著名匠师李春设计建造,距今已有1400余年的历史(图3-10)。

图3-10

赵州桥

赵州桥桥长50.82米，主孔跨径37.02米，桥高7.23米，宽9.6米，桥的设计完全合乎科学原理，施工技术更是巧妙绝伦。这座桥在我国现存的石拱桥中是最古老的，并为当时跨径最大的石拱桥，不仅是我国桥梁工程上首创的拱上加拱的敞肩拱类型的桥梁，亦是世界桥梁工程上的敞肩拱的首创。

李春对拱肩进行了重大改进，把以往桥梁建筑中采用的实肩拱改为敞肩拱，即在大拱两端各设两个小拱，靠近大拱脚的小拱净跨为3.8米，另一拱的净跨为2.8米。这种大拱加小拱的敞肩拱具有优异的技术性能。首先，它可以增加泄洪能力，减轻洪水季节由于水量增加而产生的洪水对桥的冲击力。古代洨河每逢汛期，水势较大，对桥的泄洪能力是个考验，四个小拱就可以分担部分洪流。据计算，四个小拱增加过水面积16%左右，大大降低了洪水对大桥的影响，提高了大桥的安全性。其次，敞肩拱比实肩拱节省了大量土石材料，减轻了桥身的自重，大大减小桥身对桥台和桥基的垂直压力和水平推力，增加桥梁的稳定性。此外，还增加了造型的美感。四个小拱均衡对称，大拱与小拱构成一幅完整的图画，显得更加轻巧秀丽，体现出建筑和艺术的完整统一。最后，这种设计符合结构力学理论，敞肩拱式结构在承载时使桥梁处于有利的状况，可减少主拱圈的变形，提高了桥梁的承载力和稳定性。

从桥梁跨越能力上来看，赵州桥也进行了创新。中国古代的传统建筑方法中，一般比较长的桥梁往往采用多孔形式，这样每孔的跨度小，坡度平缓，便于修建。但是多孔桥也有缺点，如桥墩多，既不利于舟船航行，也妨碍洪水排泄；桥墩长期受水流冲击、侵蚀，久而久之容易塌毁。因此，李春在设计大桥的时候，采取了单孔长跨的形式，河心不立桥墩，使石拱跨径达37.02米。这是中国桥梁史上的空前创举。

1979年5月，由中国科学院自然史组等四个单位组成联合调查组，对赵州桥的桥基进行了调查，自重为2800吨的赵州桥，根基只是由5层石条砌成的高1.56米的桥台直接建在自然砂石上。可见，古代的匠人们在高超的技艺下，将基础的形式和受力特点发挥到了极致。

1991年赵州桥被美国土木工程师学会选定为第十二个"国际土木工程里程碑"，并在桥北端东侧建造了"国际土木工程历史古迹"纪念碑。

2. 拱宸桥

在辽阔的中华大地上，自西向东流淌着许多名川大河。无论是长江还是珠江，无论是黑龙江还是黄河，它们都是大自然神奇造化的产物。其中有这样一条河，一条蜿蜒恢宏的大河，它贯通南北，举世无双，它是我国劳动人民用血汗和智慧开凿出来的一条人工水道，它的名字就是：京杭大运河！

说到大运河，就不能不说运河上的桥。桥在运河文化中是个不可或缺的元素。桥，在运河水乡天然秀美的画卷中联芳济美、增靓添姿，拱形者如彩虹飞架，平卧者若长笛横吹，让人深深沉醉。作为京杭大运河到杭州的终点标志，拱宸桥得天独厚的位置得到越来越多人的关注。

拱宸桥，位于浙江省杭州市区大关桥之北，东连丽水路、台州路，西接桥弄街，连小河路，桥形巍峨高大，气魄雄伟，是杭州城区最大的一座石拱桥，同时也是拱宸桥地区的标志性建筑物。相传在古代，"宸"是指帝王住的地方。前面说过，"拱"即拱手，两手相合表示敬意。每当帝王南巡，这座高高的拱形石桥，就象征对帝王的相迎和敬意，拱宸桥之名由此而来。拱宸桥桥长98米，高16米，桥面中段略窄为5.9米宽，而两端桥逸处有12.2米宽。三孔薄墩联拱驼峰桥，边孔净跨11.9米，中孔15.8米，拱券石厚30厘米，为拱跨的1/52.7和1/39.7。中墩厚约1米，合大孔的1/15.8，眉石厚20厘米，建造时采用木桩基础结构，拱券为纵联分节并列砌筑（图3-11）。

拱宸桥对于杭州的意义非同一般。很久以前，返乡的杭州人在看到这座古桥后，总会不由自主地坦然和兴奋起来。这座桥，便是杭州古运河终点的标志了。远走他乡的游子见到故乡熟悉的小桥迎面而来时，总是会生出许多的欣慰和感慨。如今，古桥在几经修整后依然是行人往往来来。走上高陡的桥面，望运河远去，拱宸桥就如同一个维系点，将整条腾龙系于杭州这片土地，里面是家、是根，外面则是一片闯荡的世界。

中国石拱桥的美，不仅表现在桥本身，很多修建在名胜风景区的古老石拱桥，与楼、亭结合在一起，形成了极具民族特色的桥楼、桥亭建筑。由上观之，只见亭而不见桥，融桥于景色中，大型桥梁很难做到这一点。

图 3-11

杭州拱宸桥

3. 金水桥

中国古建筑的特点是中轴对称,给人以庄严肃穆的感觉。所以,桥梁也都布置在中轴线上,三或五桥并列时,中桥高宽,边桥略逊,如北京故宫的金水桥。

横卧在北京天安门城楼内外的金水桥,是由五座和七座单桥组成的大型群桥。金水桥建于明永乐年间(1403—1424年),分为内、外金水桥。桥梁造型优美独特,雕刻手法精炼,全国罕见。在太和门前,形状似弓背的人工河道,叫作内金水河;跨越河上有五座并列单孔拱券式汉白玉石桥,就是内金水桥(图3-12)。因金水河的弯曲形状,其形有如皇上的御带,在民间,又称其为御带河,且把河上的桥叫作"御带桥"。五座群桥造型别致、曲折多姿、雕刻精美,分别与天安门城楼的五个门洞相互对应。桥南距城门洞62米,桥与桥之间距离5米。桥身微有坡度起伏,使桥中央出现拱面,而且桥身呈现中间窄,两端宽的造型。此群桥有着起伏曲折、变化多姿的线条,同雄伟壮观的午门城楼和金碧辉煌的太和殿相映衬,引人入胜。

相对于故宫午门内的金水桥而言,天安门前的金水桥又被称为外金水桥。外金水桥共七座桥,它们是与天安门五个门洞相对应的五座桥,与社稷坛大门、太庙大门相对应的各一座桥。外金水桥建于明成祖永乐年间,距今已有六百余年的历史。

图 3–12

故宫内金水桥

外金水桥正中央的一座坐落在中轴线上、最为宽阔、气势宏大的是御路桥，最长最宽，长 23.15 米，宽 8.55 米。两侧各有汉白玉望柱 20 根，上端刻有蟠龙祥云。这是皇帝专用的桥，规格最高。紧靠御路桥左右两侧是王公桥，宽 5.78 米，两侧各有 18 根望柱，供皇室成员、亲王大臣通行。在王公桥左右外侧的是品级桥，宽 4.55 米，两侧各有 18 根望柱，供三品以上的文武官员通行。王公桥和品级桥望柱的上端没有御路桥那样的蟠龙祥云，而是蕊形（也叫桃形，实际是火炬形）的柱头。品级桥两侧 50 米外的公生桥，原宽不详，但现在的宽度为 11.87 米，比御路桥宽 3.32 米，两侧各有 12 根望柱，公生桥供四品以下官员、太监、工役、侍卫、兵卒等通行。封建时代的制度，等级分明，严格至极。金水桥桥栏雕琢精美，形似条条玉带，与古朴的华表和雄伟的石狮构成天安门前巍峨壮丽的景色。金水桥和故宫融为一体，展现了帝王风范和中国文化魅力，无论从哪个角度观望，视觉效果都极佳，设计上的匠心独具，令人叹服。

4. 威尼斯叹息桥

威尼斯是意大利东北部城市，是亚得里亚海威尼斯湾西北岸重要港口，由 118 个小岛组成，有"水上都市"之称。威尼斯虽然有铁路、公路、桥与陆地相连，但市内任何车辆都不能进入，因此城内的所有交通工具都是船。各个小岛之间是靠四百多座的桥梁相连。这些桥造型千姿百态，风格各异。有的如游龙，有的似飞虹，有的庄重，有的小巧。有采用木材的，有采用钢铁的，更多的是采用石头建造的。这些形态各异的小桥和我国江南水乡的石桥有着异曲同工之妙，气质风韵却又迥乎不同。

这些小桥中最出名的应属叹息桥（图3-13）。叹息桥（Ponte dei Sospiri）连接着原总督府和旁边的地牢桥，这座巴洛克式小桥是威尼斯知名度最高的桥梁。桥左面是总督府，右面是威尼斯监狱，叹息桥成为古代由法院向监狱押送死囚的必经之路。桥身上部穹窿覆盖，封闭得很严实，只有向运河一侧有两扇小窗。犯人在总督府接受审判之后，会被带往地牢中，可能就此永别人世，在经过这座密不透气的桥时，只能透过小窗看看蓝天，不自主地发出叹息之声。实际上，当桥梁建成时，总督府已经不作为法院进行审判，对面的地牢大部分时间关押的也不是死刑犯，而是普通罪犯。然而，小小的叹息桥，因警世的作用，早已闻名遐迩，成为游客到威尼斯必游的一个景点。这也是文化的作用。对于桥来说，不一定在规模、跨径——桥不在大，有名才行。

图 3-13

威尼斯叹息桥

链接：除了威尼斯的叹息桥之外，还有两座相当有名的叹息桥，一座在剑桥，一座在牛津。剑桥的叹息桥跨越剑河之上，连通圣约翰学院老庭和新院，建于1831年，是一座廊桥，工艺精美。考试通不过、拿不到文凭的学生，往往会来到这里叹息、流泪，后悔莫及。牛津觉得剑桥叹息桥的警示作用不错，1914年也建了一座叹息桥，连接赫特福德学院的新旧两个部分。不过它是一座旱桥，与剑桥的叹息桥相比，少了些情趣。

5. 丹河大桥

丹河大桥（图3-14）位于太行山脉南端，其北依晋城盆地，南临太行山北坡，山势陡峻。桥址地处低山沟谷地貌处，地形起伏大，河谷受河水侵蚀，河道弯曲，断面呈 U 形，相对高差超过 80 米。丹河大桥桥梁全长 413.17 米，其跨径组成为 2×30 米 +146 米 +5×30 米，主孔净跨径 146 米，是目前世界上最大跨径的石拱桥，已被正式列入吉尼斯世界纪录。

大桥采用全空腹式变截面悬链线无铰石板拱结构，由 14 个等跨径腹拱组成空腹式断面。为减轻拱上建筑重力，增加结构的透视与美学效果，大桥设计采用轻质混凝土材料—蒸压粉煤灰加气混凝土，来减少拱上荷载。丹河大桥人行道内侧采用混凝土防撞墙，外侧采用石质工艺栏杆。桥梁栏杆由 200 多幅表现城市历史文化的石雕图画与近 300 个传统的石狮子组成，体现了现代与传统文明的完美结合。拱架采用钢木联合结构，高度近 80 米。丹河大桥于 2000 年 7 月顺利建成，不仅继承和发扬了石拱桥这一中国传统优良桥型的建设技术，而且在桥梁跨径、桥梁宽度、荷载等级、桥梁美学等方面取得了较大的突破。桥梁与晋城市旅游景点青年寺相映生辉，特殊的地理位置和自然环境使桥梁具有显著的民族特色和时代特点。

丹河大桥成功地突破了传统石拱桥的设计思路，总结了一套完整的大跨度石拱桥设计与施工关键技术，其科研成果处于国际领先水平，为我国石拱桥这一传统桥梁建筑结构形式的继承和发展作出了贡献。

图 3-14

山西丹河大桥

3.3.2 木拱桥

我们知道木材的软硬程度适中，具有容易加工的特点。人们用木材制造不同的构件，拼装成建筑物。因此，在拱桥家族里出现了木拱桥这一种类。

木拱桥是中国传统木结构桥梁技术含量很高的种类，主要分布在中国的浙江省、福建省两地。木拱桥的桥身中间高高拱起，远远望去，如同彩虹，故又称"虹桥"。

1. 汴水虹桥

中国木拱桥传统营造技艺，可考证的历史有900年之久。最早出现在文献记载中的木拱桥是中国北宋时期《清明上河图》中的汴水虹桥，是横跨汴水两岸的所有桥梁中，最突出、最优美的。画面中描绘，它是用梁木穿插别压而成的拱桥，形似彩虹。桥无柱，单拱跨越16.6米的汴河水面，如长虹卧波，古朴典雅。桥的建设充分发挥了木材的特性，没有榫头，不用钉子，全部用捆绑式结扎起来，连成一片。桥的两旁有木拱，桥的坡度平坦，拾级而上，行走平稳。拱梁的两端，分别雕刻狮、虎头像，既能增加木桥的外表美，又反映了中国的建桥特色和民族风格。

2. 泰顺廊桥

在很长一段时间里，人们认为虹桥的结构形式已经失传。但在浙江西南、福建东北洞宫山脉及雁荡、括苍等山脉间，仍有不少此类木拱桥，经证实，确实是演进了虹桥的结构形式。浙江南部山区的泰顺县，山脉逶迤，溪谷纵横，地势高峻，地形错综复杂。境内山多、溪多、桥也多，素有"古桥博物馆"之称。

木拱廊桥在泰顺民间被称为"蜈蚣桥"，它的造型与《清明上河图》上的虹桥相似。专家经考证后认为，"蜈蚣结构"有很好的受压性能，只要两个端部固定，桥就能很好地承受向下的荷载。但是，由于结构的特殊性，桥受到向上的反弹力，就很容易失稳遭受破坏。为此，"蜈蚣桥"都采用了廊桥这种形式，桥上建廊非但不是负担，反而增加了稳定性。有些年份，山洪暴发，水位高涨，桥随时都有遭冲毁的危险，当地的乡民们便从家中抬出一些厚实的家具，压在桥面上，以求廊桥安稳度汛。

泰顺廊桥是中国古代木拱桥的代表，而泰顺廊桥中比较著名的古桥有泗溪镇的溪东桥和北涧桥（当地人称"姊妹桥"），是泰顺古廊桥的代表作。

采用编梁式构造的桥梁，因桥跨北涧而上，故名曰"北涧桥"。始建于清康熙十三年（1674年），嘉庆八年（1803年）修建，道光二十九年（1849年）重修。桥长51.87米，宽5.39米，净跨29米，桥屋20间，桥柱84根，桥面地板全由一寸厚木板进行两层加固。当地人称桥的东部为"桥头"，地势较高，有石阶16级；西部称"桥尾"，地势较低，石阶26步。其中，桥屋是廊桥工匠们精心构作的重要部位。在拱架上建廊屋，从功用来讲，增加了桥拱的压力，使之更稳固，也起到了防护风雨的作用。同时，桥屋各部位的艺术处理，如屋檐形式的多样化以及屋脊装饰等，也增加了桥梁的整体美感效果。

青山绿水间，北涧桥显得异常绚丽（图3-15）。显然，这与它的一身红装是分不开的。桥上的红色运用得非常好，艳而不俗。红色的运用使北涧桥整体色彩有别于周围绿色的自然环境，突出了廊桥的主体地位。更重要的是这种贴切的红又能与周围环境的自然色彩融合起来，可谓相得益彰。北涧桥的风雨板虽然施加了颜色，廊屋的柱架却保持原木本色，天然且朴素。桥屋的大部分石质附件也没有太多雕琢，给人以清水出芙蓉、天然去雕饰的清新感。

穿过长长的卵石路，来到了北涧桥边。矗立在桥头的两棵参天古树掩映着廊桥和民宅，廊桥屋檐上的脊兽和民宅山花上的悬鱼在枝叶的摇曳中，若隐若现。一条小径从卵石路旁分道而下，借小石板桥延伸到溪的对岸去。青山、碧水、虹桥、古树，相互辉映，构成一幅迷人的风景画。

图3-15

浙江泰顺北涧桥

由于浙闽地区的特殊地理环境，古代能工巧匠建造了数量众多的木拱桥，而制作这些木拱桥的技艺已经传承了上千年。2008年至2009年上半年，由浙江省和福建省申报的"木拱桥传统营造技艺"被列入国家第二批非物质文化遗产名录。

3.3.3 钢拱桥

钢铁首次大量应用于桥梁的是1874年修建的美国伊兹桥（Eads Bridge），该桥为三跨（153米+158米+153米）的钢桁肋拱桥，采用了悬臂架设法。此后，受伊兹桥成功建设的影响，许多精美的钢拱桥先后建成。钢拱桥由于自重轻，水平推力相对较小，结构表现力丰富。另一方面，钢拱桥强度高而刚度较弱，所以结构形式多样。

1. 地狱门大桥

纽约东河（East River）是一条潮汐海峡（Tidal Strait），而地狱门（Hell Gate）是东河上最窄的一段河道的名称，在皇后区阿斯托里亚（Astoria）与沃兹岛（Wards Island）和兰德尔岛（Randall's Island）之间。这里流水湍急，河底有许多礁石。东河历来是重要的运输航道，在19世纪后期，有几百艘船只在地狱门触礁沉没。所以这段河道是名副其实的"地狱门"。1851年军队的工程师团体开始用爆破的方法清除河底的障碍物。清除过程一直延续了70年。1885年10月10日进行的最大的一次爆破，用30万磅炸药爆破河床岩石。河底挖出的石头填在大、小密尔洛克岛（Great & Little Mill Rock Island）之间的缝隙处，将两个小岛合并成一个密尔洛克岛。

在东河地狱门河道之上，有一道人工彩虹，一跨越过东河的钢结构下承式拱桥，名叫地狱门大桥（Hell Gate Bridge）（图3-16），建成于1916年。该桥可是一座铁路桥，具有重型道砟和混凝土桥面板。地狱门大桥以其310米的跨度成为钢拱桥发展史上的里程碑，为现代钢拱桥建设奠定了技术基础。

地狱门大桥集天才的理念、大气的施工及完美的外形于一体，它不仅体现了工程师的高超技艺，更是一件建筑精品，它证明了冷冰冰的钢材建筑同样具有美感。

第 3 章
古风与凌云——拱桥

图 3-16

美国地狱门大桥

2. 卢浦大桥

被誉为"世界第一钢箱拱桥"的上海卢浦大桥，于 2000 年 10 月 25 日开始动工，于 2003 年 6 月 28 日建成通车。卢浦大桥线路全长 8722 米，其中主桥中跨 550 米，是当时世界跨度第二长的钢结构拱桥，也是世界上首座完全采用焊接工艺连接的大型拱桥（除合龙接口采用栓接外），现场焊接焊缝总长度达 4 万多米，接近当时上海市内环高架路的总长度。

卢浦大桥在设计上融入了斜拉桥、拱桥和悬索桥三种不同类型桥梁的设计工艺，是当时世界上单座桥梁建造中施工工艺最复杂、用钢量最多的大桥。同时，卢浦大桥是世界上首座采用箱形拱结构的特大型拱桥，主拱截面世界最大，拱肋结构为双肋倾斜式钢箱截面，桥面以上由 25 道"一"字形横撑将主拱相连，桥面以下由 8 根 K 形风撑相连。

卢浦大桥桥身呈优美的弧形，飞架在黄浦江之上。桥整体造型简洁，流畅秀美，飘逸又变化丰富，宽广平直的桥面从"拱壳"中横穿而过。一弯一直的主线条加上宽狭变化的拱肋及纤细挺直的系杆，充分凸显了大桥的空间结构特征及造型的现代感。拱肋在桥面下方一分为二，一支由拱顶直落桥墩，另一支则平缓舒张地向桥头堡延伸，最后融入桥头堡。这两段弧线和桥下的斜撑在拱肋两端构成两个近似倒三角形的稳定结构，加上与之毗邻的厚实桥头堡，不但使大桥整体感觉虚实互衬、疏密有致、刚柔相济，也大大加强了大桥的整体稳定感，令人耳目一新。

卢浦大桥与南浦大桥、杨浦大桥不同，卢浦大桥将观光平台安在巨弓般的拱肋顶端，距黄浦江江面110米，犹如一顶"桂冠"。不但使观光高度更高，而且需要游客沿拱肋的"斜坡"走300多级台阶步行观光，增加了观光性、趣味性和运动性。游客乘坐高速观光电梯直达50米高的卢浦大桥桥面，沿大桥拱肋人行道拾级而上，在"巨弓"背上大约攀登280米，登上拱肋顶端，站在篮球场大小的观光平台上眺望，黄浦江美景尽收眼底。

夜晚参观卢浦大桥（图3-17），从平台上俯视桥面，粉刷一新的卢浦大桥的桥上与桥下所有照明灯、装饰灯一齐点亮，华灯绚丽，将大桥优美的曲线勾勒得妩媚妖娆。

图3-17
上海卢浦大桥夜景

3.3.4 钢筋混凝土拱桥

我国建造的钢筋混凝土拱桥的形式更是繁花似锦，式样之多当数世界之最，其中建造得比较多的是箱形拱、双曲拱、肋拱、桁架拱、刚架拱等，它们大多数是上承式桥梁，桥面宽敞，造价低廉。

钢筋混凝土拱桥以承压能力较强而造价较低的混凝土材料建造，充分利用了拱式体系以受压为主的特点，因而造价低，桥梁刚度大，且养护工作量小、费用省。但与钢拱相比，存在自重大、跨径小、施工困难的问题。钢筋混凝土拱桥的拱圈截面形式主要有箱形和肋式。箱形拱由于截面挖空率大、利用率高、自重轻，在大跨径钢筋混凝土拱桥中应用最多。

1. 橘子洲大桥

我国的钢筋混凝土拱桥首先在铁路桥梁上出现。20世纪六七十年代以后，钢筋混凝土拱桥长期成为我国的主导桥型。为减轻自重、节约圬工和钢材、方便施工，我国桥梁工作者对拱桥技术进行了长期不懈的探索，双曲拱桥就是这一探索的结果。1972年建成的湖南省长沙湘江大桥，后更名为橘子洲大桥（图1-14），为大型钢筋混凝土双曲拱公路桥，全长1250米。大桥采用的是当时极为流行的双曲拱桥建筑形式。双曲拱桥的建造，有施工周期短、施工方便、造价低、承载能力强等优点，使得双曲拱桥在当时得到广泛推广。当时，橘子洲大桥的建设用工主要来自于居民的义务投入，使之成为当年自力更生建造、中国规模最大的几座公路双曲拱桥之一。每当夜幕降临时刻，橘子洲大桥与湘江周边两岸，华灯齐放，绚丽多彩，成为一道耀眼夺目、美妙如画的风景线。

1978年，国家邮电部发行了一套《公路拱桥》特种邮票，同时发行1枚小型张邮票，而这枚小型张的主题就是橘子洲大桥（图3-18）。本枚小型张画面以浅蓝为底色，配以点点白帆。主图是一座17孔钢筋水泥的双曲拱桥。桥分主桥和支桥两部分，主桥横跨橘子洲直达岳麓山，支桥垂直于主桥，沿江从橘子洲向南延伸，使整座桥呈奇特的T字形。江水碧绿宁静，两岸及江心橘子洲草木成荫。票中的静与票外百舸争流的动相呼应，图中有限的空间与图外无限的江天相连接，使本套票似乎在不经意之间透出桥梁的浩大气势。

2. 万州长江公路大桥

箱形拱桥是大跨度钢筋混凝土拱桥的一种比较经济的形式。

1997年，一座全长814米、主跨420米箱形拱桥——万州长江公路大桥（原名为万县长江大桥，图3-19），在历史悠久的江城万州横空出世。它是连接318国道线的一座特大型公路配套桥,也是长江上第一座单孔跨江公路大桥。这座大桥打破了当时世界上最大跨度钢筋混凝土拱桥——南斯拉夫克尔克桥(Krk Bridge)跨度390米的记录,成为同类桥型的世界之最。

图3-18

湖南省长沙橘子洲大桥邮票小型张

万州长江公路大桥跨下的滚滚长江直泻三峡雄关,远方的神女湖朦胧多娇,组成天、水、山、桥、城遥相照映的壮丽景观。

图3-19

万州长江公路大桥

3.3.5 钢管混凝土拱桥

拱桥作为压弯结构,随着跨径的增大,其高强材料的应用受到稳定问题的制约。而钢筋混凝土和预应力混凝土拱桥由于自重较大,施工架设问题突出。高强材料的应用和无支架施工的困难，制约了拱桥的发展。随着普通混凝土拱桥达到跨度极限，又一种新桥型后来居上。工程师们将混凝土填充在钢管中，令其获得一层"保护壳"。因而比普通混凝土更加坚固牢靠，同时钢管亦可作为施工骨架，大大降低了拱桥的修建难度和速度。于是这种"N全其美"的钢管混凝土拱桥，一时间成了拱桥圈的宠儿。

1. 柳州文惠桥

柳州文惠桥——广西的第一座中承式钢管混凝土拱桥，是一座三孔净跨中承式拱桥。拱肋的断面为两根哑铃型钢管混凝土，南北引桥为装配式预应力混凝土T形梁。桥面采用纵横梁体系，由钢横梁、加劲纵梁组成，横梁上铺设混凝土空心板。系杆采用挤包双层大节距低应力扭绞型拉索。

文惠桥的名字也有讲究，文惠是唐宋八大家柳宗元的谥号，柳宗元病死在柳州后，宋徽宗追封他为"文惠侯"，所以柳州的文惠路和文惠桥取名都有纪念柳宗元的含义。

柳州市是历史文化名城，自然山水格局极具特色。设计者结合柳江两岸风光、城市规划和城市景观的要求，与周边自然景观相协调，在文惠桥的桥型上选择了拱桥（图3-20），并在该桥的色彩上选择了"中国红"，使得该桥形如彩虹一般，悬挂在美丽的山水画之间。

图3-20

广西柳州文惠桥

夜晚，放眼望去，整个江面和半座城市已是灯火辉煌。游船前方的文惠桥，如长虹一般横卧在一练澄江之上，这宽阔的江面泛着闪烁的灯光，似有万种风情在向人们诉说着历史的变迁，见证着城市文明的发展。

2. 拉萨河特大桥

青藏铁路拉萨河特大桥结构新颖,融民族特色与现代风格于一体,主桥系杆拱宛如洁白的哈达,飘舞在青山碧水之间,与布达拉宫遥遥呼应(图3-21)。

拉萨河特大桥是青藏铁路全线唯一一座非标准设计的特大型桥梁。工程于2005年8月竣工,横跨拉萨河,大桥全长918.55米,主跨108米。主桥采用五跨连续桥梁和中间三跨连续钢拱组合体系,引桥采用预应力混凝土连续箱梁形式。该桥主桥桥墩设计为雪莲花式变截面双圆柱墩,采用双层叠拱结构。

图 3-21
拉萨河特大桥

拉萨河特大桥作为青藏铁路的标志性建筑,融自然环境和人文景观于一体,而且富有时代感,充分体现现代桥梁建设最高技术水平。拉萨河为季节性河流,在枯水季节施工桥墩基础较容易,采用水中设墩+多孔梁拱组合桥梁方案,不仅可以节省桥梁工程投资,降低大跨度桥梁的施工难度，而且使桥梁高度和长度与周围环境相协调。三跨拱的中间主拱采用叠拱，单圆形截面拱肋轻盈挺拔；两边拱采用哑铃形截面，拱肋厚重稳健。主拱与两个边拱错落有致，漆成纯白色的桥体，象征藏族人民纯洁的人文追求。主桥系杆拱宛如洁白的哈达飘舞在青山碧水之间，变截面连续梁仿佛连绵起伏的雪山，托起洁白的哈达。钢与混凝土等现代材料的应用和细腻的局部构造处理，体现了科学、高效、精确的时代精神。

拉萨河特大桥的建设针对独特的高原自然环境，桥体的钢结构采用了柔性氟碳漆防护体系，结构混凝土采用高原耐久性混凝土、有机硅表面防护体系，以及在高原地区采取连续性钢管混凝土拱组合体系，这些设计均为国内首次采用。同时，拉萨河属于二级水质。在修建大桥时，建设单位完全采用了无污染设备，对水质进行实时监控，保证了工程的环保要求。在中国铁路工程建筑史上，首次引入环境监理制度并建立了四位一体的管理模式，首次为野生动物大规模修建迁徙通道，首次成功在青藏高原进行了植被恢复与再造科学试验并在工程中实施，首次与铁路所经省区签订环保责任书，实现了工程建设与自然环境的和谐。2008年1月，青藏铁路拉萨河特大桥荣获中国建筑工程鲁班奖，载入中国建筑业发展的史册。

3. 平南三桥

2020年12月，世界最大跨径拱桥——平南三桥正式建成通车（图3-22）。

平南三桥全长1035米、主桥跨径为575米的中承式钢管混凝土拱桥，主桥桥面宽36.5米，设双向4车道，另设2条非机动车道、2条人行道。全桥总用钢量15000吨，设计通车速度为60千米/小时。

平南三桥首创将"圆形地连墙+卵石层注浆加固"的拱座基础方案成功应用到拱桥施工领域；首创配备300吨吊装能力的缆索起重机系统，且搭建高达200米的装配式塔架，实现电气化自动控制；首创应用北斗卫星定位系统、智能张拉等技术，以力主动控制代替刚度被动控制，将200米高度的塔架顶部偏位精确控制在20毫米以内；首创基于影响矩阵原理的"过程最优，结果可控"扣索一次张拉计算理论，实现大跨径拱桥主拱圈线形控制技术的新突破，使9000吨拱肋合龙精度在3毫米内；首创采用C70自密实无收缩复合膨胀混凝土，运用真空辅助连续四级泵送工艺，助力钢管混凝土拱桥管内混凝土灌注施工品质迈上新的台阶。

平南三桥以其磅礴的气势和无穷的活力面世。这座横跨浔江、主跨 575 米的拱桥，向世界呈现了一幅气势恢宏的品质画卷。它不仅刷新了拱桥跨径的记录，还打造了标准化、精细化、科技化、信息化的品质工程典范；它不仅是"中国制造"向"中国创造"跨越的生动案例，更是交通强国伟大战略的辉煌见证，向世界展现了中国拱桥的无穷魅力。

图 3-22

广西平南三桥

3.4 拱桥的美学设计

拱桥天生是美丽的。拱曲线是柔性的，桥面板是直线型的，因此拱桥轴线在力的作用下产生的曲线，是柔中有刚、刚柔相济的。连续多跨拱桥的动感变化，加之其强劲的力度感和优美的曲线造型，一直受到人们的关注和推崇。

3.4.1 主拱形态

主拱不仅是拱桥的主要承重部位，主拱形态也是拱桥最重要的视觉要素。拱圈的设计应兼顾美学与力学。优美的拱曲线孕育着强大的力量，产生一跃而过的动感和跨越感，柔美拱曲线与梁柱的直线结合，呈现出韵律优美的绰约风姿。

拱圈的线型对拱桥美感影响重大。拱圈曲线通常为规则的圆弧线、抛物线或悬链线。较小跨径的拱桥常采用圆弧线，施工方便，形态简洁优美、宁静稳定。如古罗马时期兴建的大批拱桥常采用半圆拱，赵州桥则是一座割线圆弧拱桥。建于1569年的佛罗伦萨天主圣三桥（Ponte Santa Trinità）的拱曲线则采用两抛物线的组合，而类似的大跨扁平拱在文艺复兴时期的桥梁中得到了广泛的应用。悬链线的应用使得拱桥的跨径得到了很大的提高，如万州长江大桥。在恒载作用下，当不计拱圈由恒载弹性压缩产生的影响时，拱圈截面将只承受中心压力而无弯矩，并且从美学角度看，由于矢跨比的大幅度减小，桥型愈显优雅美观，跨越感更强。

3.4.2　主拱与桥面的相对位置

按照主拱与桥面的相对位置，拱桥可以分为上承式桥、中承式桥和下承式桥。除以上固定式桥梁外，有时根据建设环境和使用要求，还有开合桥、浮桥和漫水桥等形式的桥梁。

在目前的桥梁设计方案中，中承式、下承式拱桥已成为拱桥首选桥型。它们不仅保持了拱桥的基本力学特性，充分发挥拱圈混凝土材料的抗压性能，而且构件简洁明快。特别是多孔连续的中承式、下承式拱桥，以造型起伏、构件轻巧给人以美感，并且具有广泛的适用场合。在巴西的库比契克桥（Juscelino Kubitschek）设计中（图3-23），设计师为了突出巴西利亚迷人的日落，特意将桥面两边的拱肋交错出现，像三道横跨湖面的彩虹，韵律感很强。

图3-23

巴西库比契克大桥

3.4.3 拱桥的桥台与桥墩

拱桥桥墩是桥跨结构的支撑点，应设在视觉上能提供水平与垂直支撑反力的地形处。当跨数较少时，为避免二重性问题，常采用奇数跨，而且从跨中向两边跨度逐渐递减，各跨的矢跨比保持一致。

当桥墩的位置确定后，桥墩高度受上部结构形式、桥面高度和地形的影响。对于单拱，应采用低而宽厚的桥墩，显示出承载的力感；对于多跨高架拱桥，桥墩相对较高，墩拱结合处应简洁流畅，使力的传递自然而连续。为了减小桥墩对水流的阻力，桥墩常带分水尖，这不仅加固了桥梁的支撑结构，还改善了水面通道惯有的狭窄特性，减小了水流波浪。

桥台的体量是桥台设计应考虑的主要因素。过大的桥台显得十分笨重，与轻盈的拱桥和周围环境不相协调。故应尽量采取使其隐蔽的方式，减小桥台的体量感。对于跨越山谷的拱桥，可以充分利用山体做埋置式桥台，加上被山林树丛遮掩，使桥自然地融于景观之中。

总之，拱桥桥墩、桥台的美学设计要点与梁桥的墩台一样，要给人以稳定的安全感，体量尽可能轻盈，形态上要注意与整体相协调。

3.4.4 各类拱桥的美学特征

拱桥的类型从形态上可分为实腹拱桥、空腹拱桥、桁架拱桥、刚架拱桥及组合体系拱桥等。

实腹拱桥常用于小跨径拱桥，由于拱圈与侧墙连成整体，面积较大，因此，从美学角度上需注意桥梁整体的均衡感。即拱顶不宜太薄，否则拱顶会消失在阴影中，这样会损害拱的形象及整体连续性；要尽可能利用天然材料，充分体现坚实、古朴、厚重的材质感；连拱等跨时，因缺少变化略显单调，应按照地形特点及通航需要，采取从中孔向外孔矢高与跨径递减的方案，形成既统一又富有变化的渐变韵律。

当跨径大于40米，且矢跨比较大时，采用实体侧墙的方式看上去就感到笨重了。空腹拱不仅能减轻自重，节省材料，而且可以更好地利用拱上构造以增加虚实的变化，并形成节奏韵律来统一整体，给人以美感，特别适合自然风光十分优美的环境。我国是空腹石拱桥的鼻祖，全国各地这类桥梁数不胜数，其中赵州桥古朴、稳健、优美的形态彰显了我国桥梁建筑的民族风格。

自人类进入钢铁时代起，主拱圈采用钢桁架的拱桥得到迅速发展，21世纪初完成了几座著名的双铰钢桁架拱桥，如美国纽约地狱门大桥和澳大利亚悉尼海港大桥等。

钢筋混凝土桁架桥发展于20世纪60年代，其下弦杆为拱形，上弦杆一般与桥面组合为整体。跨中部分因上、下弦杆很接近做成实腹段，而空腹段利用拱上结构与拱圈形成桁架使之整体受力，这样不仅结构合理，节省材料，而且自重较轻，形态轻盈、空透。

刚架拱桥是在桁架拱、斜腿刚架基础上发展起来的一种新桥型，属于有推力的超静定结构，由于构件比桁架桥少、自重轻、刚度大，经济合理，且造型优美简练，已得到广泛应用。

刚架拱桥的几何形态是否合理、优美是设计的关键，实腹段和弦杆的上缘线一般与桥面线平行；实腹段下缘一般采用抛物线、圆弧线或悬链线；主拱腿可根据跨径大小和施工方法不同，设计成等截面直杆或变截面直杆，有时出于美观的考虑，也可采用弧形杆。

组合体系拱桥是将行车系结构与主拱按不同构造方式构成一个整体共同受力的桥梁，一般为中承式、下承式。其在桥面上空呈现的曲线轮廓会给人留下深刻印象，优美的形态，加上协调的色彩，令人赏心悦目，不仅给人心理上带来满足，也改善了环境景观，所以是现代拱桥常用的桥式。

第 4 章
技术与变革——刚架桥

> 似梁非梁,这是哪一种桥型呢?
> 像梁桥却不是梁桥。从外表上看,会被绝大多数人认为是梁桥,但实际上却具有截然不同的力学特征,需要更复杂的设计和计算,这就是"刚架桥",也称为"刚构桥"。
> 二战结束后,欧洲开始推广预应力技术,预应力混凝土梁式桥迅速发展并最终成为 21 世纪公路桥梁的主流,刚架桥应运而生。
> 刚架桥是在高超的技术下诞生的,它的发展经历短暂,却不乏创新。它与梁桥外观非常相似,受力方式却大不相同;它与拱桥拥有相同的跨度,却能获得较宽广的桥下空间。让我们去了解刚架桥的发展历程、感受刚架桥之美、欣赏世界著名的刚架桥。

4.1 刚架桥的由来

随着科学技术的进步和新建筑材料的应用,桥梁形式推陈出新,各种新桥型不断涌现。刚架桥发展较快又相对成熟,是近年使用较为广泛的一类独特的桥梁形式。

与拱桥相比,在相同跨度的情况下,刚架桥可以获得较宽阔的桥下空间,增强了桥下的通透感。刚架桥的外形以精练、轻巧见长,常用作高速公路的跨线桥、城市市区河流交通桥,用在小区内部和风景名胜地等地方最为合适。当采用预应力混凝土和悬臂施工的施工方法时,刚架桥可做成连续多跨的形式,从而成为大跨度桥梁。

刚架桥在形式上可以分为门式刚架桥、斜腿刚架桥、V 形墩刚架桥、Y 形墩刚架桥、连续刚架桥和 T 形刚架桥。连续刚架桥和 T 形刚架桥在外形上没有太大的区别，所以可以将他们归为同一类桥进行赏析。

4.2 刚架桥的特点

4.2.1 刚架桥受力特点

刚架桥是一种介于梁与拱之间的结构体系。刚架桥由承重结构的梁与支撑结构的墩柱整体结合组成，梁与柱的结合处具有很大刚性，因此称该种体系桥梁为刚架桥，又称为刚构桥。

那么什么是刚性结构呢？结构整体稳定性最强，在外力作用下不会发生变形，我们把这样的结构称为刚性结构。在竖向力的作用下，刚架桥的梁会发生弯曲，其墩柱底部存在水平推力，因此它的受力状态介于梁桥和拱桥之间。在竖向荷载作用下，固结端的负弯矩可部分降低梁的跨中弯矩，从而达到减小梁高的目的。

4.2.2 刚架桥的结构形式

1. 门式刚架桥

门式刚架桥是最简单的刚架桥，外形像门一样，称为门式刚架桥。桥墩和梁成为一个整体，共同受力，同时抵抗梁的弯曲。其腿和梁垂直相交呈门架形（图 4-1）。腿所受的弯矩将随腿和梁的刚度比率的提高而增大。

由于门式刚架桥的桥台与主梁固结，无伸缩缝，可以改善桥头行车的平顺性，提高结构的刚性。用钢或钢筋混凝土制造的门架桥，多用于跨线桥。

门式刚架桥适用于跨越运河及其他小河流上，一跨过河，不在水中设墩。桥台与河道挡墙、道路挡墙或护坡连接后不易显现，这样显示出来的就只有梁。门式刚架桥的梁也能做成变截面，这同样体现出梁的刚中带柔，使其比单跨的简支梁更为活泼、生动。

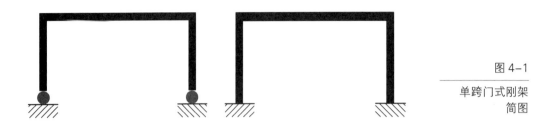

图 4-1
单跨门式刚架简图

2. 斜腿刚架桥

刚架腿是斜置的，两腿和梁中部的轴线大致呈拱形，这样，腿和梁所受的弯矩比同跨度的门式刚架显著减小，而轴向压力有所增加。斜腿刚架桥的主跨相当于一座折线形拱式桥，其压力线接近于拱桥的受力状态。斜腿以受压为主，比门式刚架的立墙或立柱受力更合理，故其跨越能力也大。因此这种桥不需要拱上结构，构件数目较少。

此外，斜腿刚架桥的两端具有较长的伸臂长度，通过调整边跨与中跨的跨长比，可以使两端支座成为单向受压铰支座而不致向上起翘，从而改善行车条件，同时在恒载作用下边跨对主跨的跨中弯矩也能起到卸载作用，有利于将主跨的梁高减薄。

斜腿下端的铰支座一般坐落在岸边的坚硬岩石上或者桥台上，不会被水淹没或者被土堤掩埋，故在施工上和维护保养上都比门式刚架桥简单和容易些。

斜腿门式刚架简图可见图 4-2。

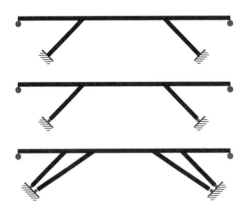

图 4-2
斜腿门式刚架简图

斜腿刚架桥的桥型构造上以少量的构件和简洁明了的几何图形，构成了简练的桥梁形态，在视觉和精神上给人以简洁生动，纤细有力的感觉。

3. T形刚架桥

T形刚架桥特点是在跨中有铰。将腿做成V形两撑杆与梁刚性相连的连续梁桥，其外形均与多跨的门架桥相近，但内力分布规律则不同，常常分为带铰的T形刚架桥和带挂梁的T形刚架桥。

带铰的T形刚构（图4-3），上部结构全部为悬臂部分，相邻两悬臂通过剪力铰相连接。但剪力铰结构往往比较复杂，用钢量大，铰和梁的刚度差异易引起结构变形，桥面不平顺，行车不舒适，不利于高速行车。

图4-3
带铰的T形刚构简图

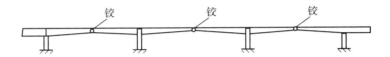

带挂梁的T形刚构（图4-4），上部结构全部为悬臂部分，相邻两悬臂通过简支梁相连接。受力明确，构造简单，挂梁与多孔引桥简支跨尺寸相同，加快了施工进度，但同样存在桥面伸缩缝较多的问题，对高速行车不利。

图4-4
带挂梁的T形刚构简图

我国第一座T形刚架桥是福建省的福州乌龙江大桥，采用主跨3孔各长144米，两边孔各长58米的预应力混凝土"T"形刚构附挂梁的静定结构。福州乌龙江大桥位于福州市东南17公里，乌龙江渡口下游清凉、金牛两山的峡口处。因受清凉、金牛两山截阻形成了峡口，此处江面收缩，水深流急，又加濒临海口，风大浪高，潮差很大，被视为"天堑"。原有汽车渡口于1932年建成。新中国成立后，交通不断发展，车流量迅速增加，受轮渡能力限制，车辆和行人经常排队候渡，如遇有台风暴雨，往往被迫停渡，交通阻断，严重影响工农业生产和战备。1970年，福州军区、福建省革命委员会决定修建乌龙江大桥，选定清凉、金牛两山连线处作为桥位。

1971年9月，大桥建成通车，结束了福建最重要的渡口汽车过渡历史，提高了福厦公路的通过能力，加强了沿线城乡的经济联系。桥梁南岸建有桥头堡，桥面铺装为5厘米厚的沥青混凝土，桥两侧各有用菱形图案装饰的钢管扶栏和13根钢管灯柱，上装乳白色的路灯，入夜华灯齐放，大桥倍添风采。

4. 连续刚架桥

连续刚架桥是墩梁固结的连续梁桥，这种体系利用主墩的柔性来适应结构由于预应力、收缩徐变和温度变化导致的纵向位移。连续刚构桥中，不设铰，也不设挂梁，桥面连续，行车平顺，梁体内力分布较合理，能充分发挥高强度材料的作用。

与同类桥的连续梁和 T 形刚架桥相比，多跨刚架桥保持了上部构造连续梁的属性，跨越能力大，施工难度小，行车舒顺，养护简便，造价较低。

连续刚架桥简图可见图 4-5。

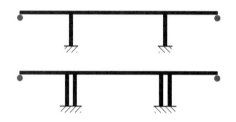

图 4-5

连续刚架桥简图

连续刚架桥在桥面墩和梁交接处，往往曲线变化明显，配以挺拔的高墩，常常会给人气势磅礴、雄伟强劲的视觉感受，突出了该桥型的特色。连续刚架桥一般桥型较长，整桥如一条彩虹飞跨，具有雄伟夺人的气势。在桥墩的协助下，横梁变得更加"坚强"，可以承受更大的跨度，桥面也可以更轻薄。

腊八斤沟特大桥（图 4-6），位于"云端上的高速"雅西高速上，2012 年建成，采用钢管混凝土组合结构桥墩，墩最高 182.5 米，建成时为同类结构桥梁的世界第一高墩。腊八斤沟特大桥是跨越腊八斤沟的一座特大桥，其主跨为变截面连续刚构，雅安当地地处大相岭山脉之阴，每逢雨雾天气，大桥如同一条"巨龙"，飞腾而过，在山峦中若隐若现。一阵山谷间的轻风吹过，大桥又再次展现出的身姿，而从大桥之下向上仰望，更会感受到腊八斤沟特大桥的巍峨与雄伟，让人不禁慨叹天工之神奇，人工之精巧。

而看到这里，大家是否有这样的疑问，桥墩很高，是否稳妥呢？

之所以把桥墩设计得很高，是因为这种桥对热胀冷缩十分敏感，如果桥墩过于"结实、稳固"。梁体就没有办法自由扩张，会导致变形或弯曲。矮桥墩与高桥墩的变形是有区别的，相比矮桥墩，高桥墩柔性更大，更利于释放梁体因变形产生的压力。所以，工程师们为刚架桥设计了更高的桥墩，让其变得"柔一些，灵活一些"。

图 4-6
腊八斤沟特大桥

5.V 形墩刚架桥

世事福兮祸兮、是也非也，设计从来没有绝对的标准。在平原大江大河之上，高耸入云的桥墩已无用武之地。为了在降低桥梁高度的同时保证桥墩柔性，设计师需要为墩柱进行"瘦身"，为了减小支柱肩部的弯矩峰值，可将支柱做成 V 形墩形式。

桥梁建筑设计师把刚架桥的桥墩设计成 V 字形，通过不同几何图形的组合，使桥梁构图变成几何的艺术。1988年建成的桂林漓江桥，曾作为国内首座采用"V 形"结构的跨江大桥被记入史册。从侧面看，该桥由两个三角形加一个梯形组成，简洁而又充满力度，三角形具有稳定性的特点，给人以安全感。

浙江省千岛湖大桥，是一座 V 形桥墩的斜腿刚架桥（图 4-7），线路全长 1258 米，采用 70 米 +7×105 米 +70 米 +40 米的跨径布置，其跨度和长度均居国内同类桥梁之首。桥梁的建设实现了千岛湖环湖公路南北两线的真正贯通，极大地改善了"西湖—千岛湖—黄山"黄金旅游线的交通状况。

图 4-7
千岛湖大桥

有的设计师也将刚架桥的桥墩设计成 Y 形，美国瑞河桥就是典型的代表。该桥是三角形加梯形结构，与 V 形墩刚架桥不同的是，在三角形的桥墩之下加了一个矩形，从而形成了一个沿桥长方向可以摆动的感觉，静中蕴含动的趋势，Y 形桥墩的上部做成空心格子，使整个桥梁变得通透轻巧。

4.3 刚架桥的美学设计

接下来，让我们从美学的角度分别欣赏一下刚架桥所具有的艺术美感和特点，来认识不一样的刚架桥。

门式刚架桥适用于跨越运河及其他小河流，一跨过河，不在水中设墩。门式刚架桥的梁也可以做成变截面的形式，从而形成弧形的底边线。这体现出刚架桥的刚性中蕴含着柔性，使其比单跨的简支梁更为活泼、生动。有时门式刚架桥在立柱外侧还有一定的悬挑梁，这种悬挑梁不会很长，但是可以利用这部分梁下的空间做人行通道等景观处理。这样更有利于整体景观的建造。

斜腿刚架桥的梁和斜腿是由朴素的线条构成，简单明了、坚固有力，给人以运动美感和现代艺术气息感，集中体现了以为数不多的构件构成简洁生动的桥型这一最基本的艺术原理。斜腿刚架桥上下部结构配置合理、紧凑，结构的传力途径简洁、合理、明确。同时，伴随着两斜腿地面之间得以拓宽的距离，又让人感觉稳定和安全。从模仿动物方面来看，狂奔的猎豹与斜腿刚架桥形似，让人感受到较震撼的生命感、腾跃感、凌空感和动势感。

斜腿刚架较好的形式是斜腿从底脚到梁底厚度逐渐由薄变厚，上部梁体可做成等截面，但具有弧形底边线的变高度梁也是较好的形式。斜腿刚架特别适合于需要单孔跨越的地方，如高速公路跨线桥、城市人行桥和跨河桥。由于多跨时其斜腿将会相互干扰和冲突，显得杂乱和无序，所以斜腿刚架桥还是以一跨为主。

斜腿刚架呈现出简洁挺拔和刚劲有力的外在形态，给人以刚、硬的印象。而拱桥中的拱圈则显示了曲线自然、柔美、弹性、流畅与活泼的形态特征，其优美的姿态中潜藏着力的动感和跨越感，给人的形态感总带有阴、柔的印象。将刚、硬的斜腿刚架与阴、柔的拱结合在一起的产物就是刚架拱。如果说斜腿刚架还稍显刚、硬，而拱稍显阴、柔的话，那么将这两种不同风格的结构物组合在一起，就产生了相辅相成、珠联璧合的效果。刚架拱糅合了梁和拱在造型形态上的各自特点和优势，将梁的简练、挺拔、刚劲和拱的柔美协调地结合起来，形成刚柔相济而简洁明快的构造特点，赋予其简练、舒畅、有力而又柔和亲切的形态感情。

T形刚架桥是在简支预应力桥和大跨钢筋混凝土箱梁桥的基础上，在悬臂施工的影响下产生的。它是指从墩上伸出悬臂，跨中用剪力铰或简支挂梁组合而成，墩上在两侧伸出悬臂。在预应力混凝土结构中采用悬臂施工方法可做成比钢筋混凝土结构中长得多的悬臂结构。其上部结构可为箱梁、桁架或桁拱，与墩固结形成整体，桥型美观、宏伟、轻巧，适用于大跨悬臂平衡施工，可无支架跨越深水急流，避免下部施工困难或中断航运，也不需要体系转换，施工简便。

云南红河大桥（图4-8），是一座连续刚架桥，桥墩很高，时为世界第一高桥。大桥的桥下净空相对很大，体现出跨越感、凌空感以及宏伟的气势，简洁挺拔和刚劲有力的外在形态。大桥梁底呈曲线变化明显，配以高耸挺拔的高墩，给人以气势磅礴、雄伟强劲的感受，突出了该桥型的特色；再由于其桥跨较长，整座桥宛如一条彩虹飞跨，具有雄伟夺人的气势。大桥与周围环境和谐相生，实现跨越无限的壮美，真正展现出"桥上有景，景中有桥，景桥交融，桥路皆景"的意境之美。

图 4-8
云南红河大桥

第 5 章
刚柔与飞跃——斜拉桥

　　山无径迹，泽无桥梁，不相往来。路尽桥来，桥起到了很好的联系沟通作用。古代的桥多为梁桥和拱桥，小巧精美，更多地体现了传统的桥梁建筑风格。随着社会经济、交通和工程技术的发展，桥梁建设越来越向大跨径、高难度方向发展。"一桥飞架南北，天堑变通途。"仰望桥塔拔地而起，钢梁凌空飞悬，竖琴式的塔顶天立地，搭配的斜拉钢索犹如天空丝弦，给人以美的享受。

　　现代的斜拉桥给人以跨越与征服的磅礴感受。斜拉桥以一种"刚柔并济""四两拨千斤"的智慧，在山谷间、河海上衔接道路，创造景观，可谓凝结了人类的巧思。作为道路的组成部分，斜拉桥建造在人们的生活空间之中，既具有跨越障碍、承担交通负荷的技术使用功能，也具有造型美及与道路、环境的和谐美的艺术观赏功能，是技术与艺术的结合。因桥桩少、跨度大、美感强，斜拉桥越来越多地被采用，成为人类桥梁建筑史上的一颗明珠，像花朵一样在世界版图绽放，绘成了桥梁工程的新图景。

　　本章将带您一起领略斜拉桥的起源、特点及发展历程，一起欣赏斜拉桥世界（图 5-1）。

图 5-1

新疆伊犁果子沟斜拉桥

5.1 斜拉桥的由来

在人造桥梁出现之前，自然界由于地壳运动或其他自然现象的影响，形成了不少天然的桥梁形式，如浙江天台山横跨瀑布上的石梁桥，江西贵溪因自然侵蚀而成的石拱桥（仙人桥），以及小河边因自然倒下的树干而形成的"独木桥"，或两岸藤蔓纠结在一起而构成的天生"索桥"，等等。

人类从这些天然桥中得到启示，便在生存过程中不断仿效自然。随着社会生产力的发展，桥梁不断由低级演进为高级，逐渐产生各种各样的新式跨空桥梁。

5.1.1 斜拉桥的起源

原始时代，人类跨越水道和峡谷，是利用自然倒下来的树木、自然形成的石梁或石拱、溪涧突出的石块、谷岸生长的藤蔓等。

印度梅加拉亚邦的活根桥（Living Root Bridge）（图5-2），正是借助活着的树根搭建的，也正因如此，山洪的冲刷也未能击垮这座"自然之桥"。印度的梅加拉亚邦是世界上最潮湿的地方之一，该州的丛林里到处都是瀑布、蜂巢和槟榔树。数百年来，当地的卡西人借助印度橡胶树的根系编织活根桥，以解决季节性洪水阻挡去路的问题。活根桥相传已有数百年历史，能同时承载50人的重量。

图 5-2

印度梅加拉亚邦的活根桥

在那深山老林之中，枝繁叶茂，藤树缠绕，藤蔓有时会被编织成一个网状的结构，人可以在上面通过，这就成了"索桥"的鼻祖，饱含着原始古朴的自然韵味。

日本的葛桥（KazuraBridge）也叫藤蔓桥（图5-3），位于日本德岛县三好市，跨越祖谷川（著名旅游景点）。该桥采用猕猴桃的树枝编织而成，长度约45米，宽度约2米，每三年重建一次。至于该桥由何人始建于何时，无人知晓。据说此桥或由日本佛教一派的奠基人所建，或是源平合战（12世纪日本国内的一场战争）的战败者逃进山中时所建。

图5-3

日本藤蔓桥

5.1.2 斜拉桥的雏形

原始的斜拉桥，多靠自然植物的天生地就，或植物稍加织造即可。古人类从这些天然桥中得到启示，便在生存过程中不断仿效自然，后来由被动转为主动，有目的地开发利用抗拉的绳索加配木板建造出越来越长的斜拉桥。

斜拉桥源于吊索桥。我国是世界上最早有吊桥的国家之一，迄今已有四千多年的历史。三里之城，七里之郭，我国古代城郭主门外围均设有护城河和吊桥（图5-4），是城堡军事防御体系的重要组成部分，桥的外端用绳索系在城墙塔架上，每当有紧急情况时，可立即关闭城门，拉动绳索把桥吊起来，切断通往城门口的道路。这种体系与真正斜拉桥很相似，但斜拉索可以不承担桥的荷载，主要是通过柔性拉索传递人力，以便起吊或放下桥面。

第 5 章
刚柔与飞跃——斜拉桥

图 5-4
护城河吊桥

很早以前，人们就掌握了从塔架上悬吊斜拉索来支撑梁的知识，例如埃及海船上的斜拉天桥，其承重索是用藤萝或竹材编制而成，是斜拉桥的雏形。

古埃及是世界上最早出现帆船的地方。考古发现，在公元前 3100 年的一只古埃及陶器上，绘有如图 5-5 所示的帆船。这船的船帆称为四角帆，中间用桅杆支撑两根平行的横杆，桅杆与下横杆用多根斜向的帆索相连，最后挂上四方形或梯形的布。假若视船上的桅杆

105

为斜拉桥的塔，下横杆为斜拉桥的梁，帆索为斜拉桥的索，若将之移到河上，那就是一座比较地道的斜拉桥了。

图 5-5

埃及海船上的斜拉天桥

5.1.3 古代斜拉桥

文艺复兴时期，世界上仍无斜拉桥的踪影，但有几位名人对桥梁的发展比较感兴趣。一位是誉满全球的意大利天才列奥纳多·达·芬奇（1452—1519 年），他曾提出过超大跨度石拱桥以及木桁梁桥的构想。另一位是《建筑四书》的作者、西方最具影响力的意大利建筑师安德烈亚·帕拉第奥（1508—1580 年），他把建筑里的木桁架引入桥梁领域，并做过几座木梁桥和木拱桥。在今天的克罗地亚希贝尼克地区，还有一位名叫浮士德·威朗兹欧（Fausto Veranzio，1551—1617 年）的主教，他同时也是一位有名的博学家与发明家。1595—1616 年，他自费出版了一本令后人称赞的名著——《新式机器》（*Machinae Novae*）。在这本书中，他用 49 幅绘画描述了 56 种不同的机器、装置和技术概念，当然，也包括桥梁，而且是当时欧洲还不存在的系杆拱桥、悬索桥和斜拉桥等。图 5-6 所呈现的就是浮士德·威朗兹欧手绘的部分桥梁大作，其中图（c）显现出了斜拉桥的大概模样（有人认为那是斜拉—悬索组合体系，还有文献说此图描绘的是中国古代的一座铁链悬索桥）。特别值得提醒的是，图 5-6 中的各式桥梁，均在大约200年后才逐步得以实现。因此，称浮士德·威朗兹欧是一位伟大的桥梁技术发展预言家，一点都不为过。

18世纪末至19世纪初，尽管还没有适用的材料和计算手段，但斜拉桥的构思已经在欧洲开始萌发，并付诸实施。

1784年，德国人C.J.勒舍尔（C.J. Loscher，据说是一个木匠）在弗里堡（Fribourg）建造了一座跨径为32米的木桥，这座桥由连接于木制桥塔的木拉杆构成支承系统，是世界上第一座真正意义上的古代斜拉桥（图5-7）。

（a）系杆拱桥

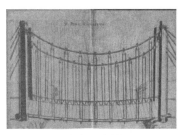
（b）悬索桥

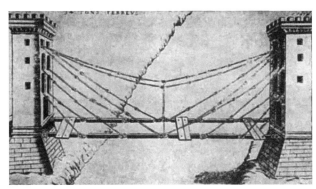
（c）斜拉桥

图 5-6

浮士德·威朗兹欧构想的几种新式桥

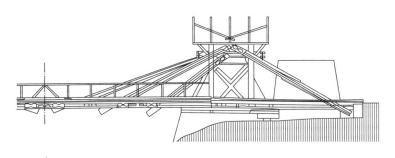

图 5-7

德国弗里堡建造的木斜拉桥（半跨）

1817年，英国在苏格兰建成跨越特威德河的国王草地桥（King's Meadow），跨度33.5米。该桥的拉索呈扇形布置，采用直径7.6毫米的铁丝制成，桥塔和桥面板也采用铁材，大约在1950—1960年间废弃（图5-8）。

图5-8　国王草地桥

1824年，德国宁堡（Nienburg）的萨勒河（Saale River）上建造了一座跨径为78米的斜拉桥——萨勒桥（Saalebrücke）。该桥采用木制桥面，主梁由斜向锻铁拉杆支承，还在跨中设置了很短的开启段以利通航（图5-9）。不幸的是，1825年12月6日该桥落成典礼之日，四方百姓兴高采烈、载歌载舞地过桥，桥的一半却突然垮塌，造成55人死亡的惨剧。事故后的调查结论是，劣质的链杆材料、人群偏载、振动过大导致了这次事故。

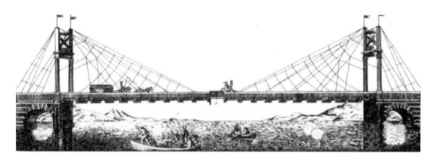

图5-9　德国萨勒桥

东南亚地区地处热带，气候温和、雨量充沛、溪流众多、藤竹遍生，当地居民建造了许多原始形式的藤竹斜拉桥。

印度尼西亚爪哇地区有一种用椰子树干和竹子建造的斜拉桥。此桥形式非常特殊，在两岸竖立不少组合的椰子树干，横向层层用竹子拉住，自左右两岸向江心挑出桥面，桥面也用竹条斜拉在椰子树干上。这种独特的布置与近代的斜拉桥颇为相似。

爪哇岛盛产毛竹，图5-10所示的是中爪哇省沃诺索博跨越塞拉尤（Serayu）河的一座竹桥。这类桥只设一跨，长度可做到50米左右；梁、斜索、塔均用毛竹制作，用棕榈皮制成的细绳或者竹篾绑扎；因竹子长度有限，因此，除布置竖直的"塔"外，还要布置倾斜的"塔"，以便把桥跨内的竹索转向衔接，最后通过简单的榫接方式锚于地面木桩上（图5-11）。

今天，在印度尼西亚的雨林深处或一些旅游区内，仍有竹桥存在。这些竹桥多半没有竹塔，直接借用两岸的大树，做工也比较粗糙（图5-12）。

第 5 章
刚柔与飞跃——斜拉桥

图 5-10

爪哇岛上的一座竹桥

图 5-11

竹索的绑扎及锚固

图 5-12

印度尼西亚的竹桥

5.1.4 现代斜拉桥的诞生

斜拉桥虽然17世纪就有,但受当时科技水平的限制,缺乏可靠的理论方法和技术,这种结构体系并没有得到很大的发展。18世纪初两座斜拉桥的倒塌事件,也使得这种结构体系一直没有得到重视和发展。斜拉桥因其结构性能未被有效开发,沉睡了一百多年。

1854年,美国著名桥梁工程师约翰·A.罗布林(John. A. Roebling)核查了斜拉索,他通过研究发现,与加劲桁架和横撑相比,斜拉索更为有效。1855年,罗布林在尼亚加拉河(Niagara River)上,用平行锻铁丝缆索做大缆,建成了跨径达250米的公路、铁路两用桥,全部荷载由悬索与放射型拉索系统两者分担,拉索系统为大桥快速通过列车以及抗风稳定性提供了所需要的全部刚度。

罗布林和小罗布林(W.A.Roebling)父子后来采用这种悬索和拉索的组合体系,于1883年建成了闻名于世的美国布鲁克林桥(Brooklyn Bridge)。罗布林的设计理念对于悬索和拉索组合体系桥型的发展起到了巨大的推动作用。

二战后欧洲重建,人们开始寻求既经济又建造便捷的桥型,由于斜拉桥在一定跨度范围内具有很大优越性,因此重新被重视起来。1938年,德国工程师迪辛格尔(Dishinger)重新认识到了斜拉桥的优越性,并对其进行研究,1953年,由他设计的瑞典斯特伦松德桥(Strömsund Bridge)拉开了现代斜拉桥的序幕。该桥主跨径约183米,塔为门式框架,拉索呈辐射形布置,加劲梁由两片板梁组成。该桥于1955年建成,是一座双车道公路钢桥,是世界上第一座真正意义的现代化斜拉桥,被视为现代斜拉桥的开山之作(图5-13)。

图5-13
瑞典斯特伦松德桥

在世界桥梁界,大家公认是德国工程师最早发展了斜拉桥的早期工艺和技术,是力学理论和各项技术进步的集成创新,并因此对斜拉桥在全球范围内的应用和发展起到了促进作用。

5.2 斜拉桥特点

斜拉桥让人感觉非常惊险，正如古人形容的那样："人悬半空，度彼决壑，顷刻不戒，陨无底谷。"唐代和尚智猛称："窥不见底，影战影栗。"其实索桥还是安全的，正如《徐霞客游记》对贵州盘江桥评价的那样："望之飘渺，然践之则屹然不动。"彰显了斜拉桥张弛有度、刚柔并济和顶天立地的特点。

5.2.1 张弛有度

Cable-stayed Bridge，中国桥梁界为译此名曾经有过一番争论。有人赞成称其"斜拉"，有人主张使用"斜张"——因为古时绷紧弓弦称为"张弓"。其实"张"和"拉"都说得过去，由于大多数人习惯称斜拉桥，便约定俗成定下来了。

我们不妨从仿生学的角度来认识斜拉桥的工作原理。观察一个正在赛台上参加举重的运动员，当他提起杠铃直立的时刻，两腿分开站在地面，上身和头部如铁柱般向上挺立，两条手臂分开形成一个约80°的角，运动员用双手抓住杠铃，稳稳提起。此时运动员的工作状态很能说明斜拉桥的工作原理（图5-14）。

图5-14
斜拉桥工作原理

杠铃高度以下的双腿为桥墩，杠铃以上的身体为塔，头部为塔冠。显然，双腿和身体承受了杠铃的压力和身体本身的自重；双臂为斜拉钢索，处于拉伸状态，承受杠铃给他的压力，再把杠铃看作桥面体系。

这样不难看出两者是很相似的。

再细分一下。在提起杠铃的同时,由于杠铃的重心与人体的重心有一定距离,不在同一铅垂线上,因此杠铃对人体又有一个偏心弯矩的作用;加上人体提起杠铃时不能保证绝对的平衡,因此杠铃会因摇摆而对人体产生扭曲作用。这些过程同样与斜拉桥的张弛有度工作原理很相似。

5.2.2 刚柔并济

琴弦似的柔性张拉索让人感觉斜拉桥非常惊险,配合柔性张拉索协同工作的还有刚性的桥塔和起支撑作用的梁。正所谓刚柔并济。

普通的梁式桥,随着相邻桥墩间距的加大,桥面梁的弯矩也急剧增大。此时从桥墩上高出来的桥塔连接到桥面梁的拉索,可以将桥面梁向上提起,使得桥面梁的弯矩大大减小,从而实现了跨度的增大。从图 5-15 中可以看出,由于斜拉索的拉起作用,主梁弯矩显著减小了。

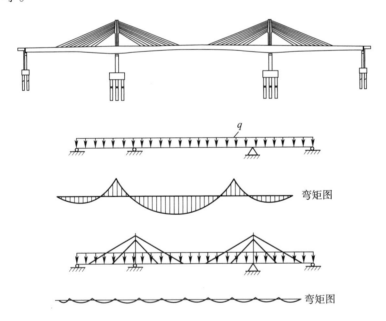

图 5-15

三跨连续梁和三跨斜拉桥的恒载内力对比

斜拉桥比梁桥的跨越能力更强,是大跨度桥梁的最主要桥型。斜拉桥主要由刚性的主梁、屹立高耸的桥塔与柔性斜拉索组合,可将其看作是拉索代替支墩的多跨弹性支承连续梁,可使梁体内弯矩减小、降低梁的高度、减轻结构重量、节省材料,使得桥的跨度明显加大,减少水中基础和桥墩的施工,从而降低造价,增大桥下的净空,大大提高了桥下的通航能力，在增添交通便利的同时，给人以刚柔并济的美的享受。

5.2.3 顶天立地

斜拉桥使用了坚挺高大的塔和柔性的钢拉索，这样一来，它就与梁桥、拱桥和刚架桥在建筑风格上有了很大的不同。塔的出现使得一座桥出现了制高点，展现了一种气势和力度，不但对桥的造型起着非常重要的作用，而且对周围的环境也有较大的影响。

法国的米洛大桥（MillauViaduct，当时世界上最高的运输大桥），是一座奇迹般的、好似飞过谷底的大桥。站在桥上俯瞰河谷别有一番情趣，雾气在桥下山谷萦绕时，会让人感到一阵眩目。塔上部呈放射状张拉的钢索轻轻地将桥面提起，塔柱最高处高达 343 米，这座旷世大桥比巴黎埃菲尔铁塔还要高，其纤细高耸的桥塔让人看了都心惊胆颤。最终能够建成，真可谓壮举！这座桥无论在书本上看到还是实际见到，都会为之震撼。

"要让大桥看上去精巧到令人难以置信的程度"，建筑大师福斯特爵士疯狂的理念不仅使之成为让人叹为观止的奇迹，更使米洛大桥获得了 21 世纪的人类建筑奇观的"桥梁之母"的称号。开车其上宛如穿行在云端。行走在峡谷上空 300 多米的米洛大桥上，浮云从身边飘过，让你真正体验到什么叫"在云端"（图 5-16、图 5-17）。

由贵州、云南两省合作共建的杭瑞高速贵州省毕节至都格（黔滇界）高速公路北盘江大桥，其桥面至江面高差达 565 米，超越之前世界第一高桥——四渡河特大桥 560 米的高差，成为新的世界最高桥。

图 5-16
法国米洛大桥 1

图 5-17
法国米洛大桥 2

5.3 斜拉桥的发展

5.3.1 现代斜拉桥发展的里程碑

经过探索与突破的曲折历程后,现代斜拉桥开始了迅速的发展。

1952年,德国莱昂哈特(Leonhardt)教授在世界上第一个设计出现代化斜拉桥——跨过莱茵河的德国杜塞尔多夫桥,但该桥直到1958年才建成。

1953年,迪辛格尔与德国承包商德玛格(Demag)公司合作,赢得了瑞典政府组织的跨越斯特伦松德(Strömsund)河的国际设计—施工方案竞选,承建瑞典的斯特伦松德桥。该桥于1955年建成,是世界上第一座现代化斜拉桥。

1961年,德国西佛林桥(Severins Bridge),首次采用A形主塔,钢索呈放射形,主梁为漂浮体系,也是首座非对称的独塔斜拉桥(图5-18)。

1962年,德国易北河北桥(Norderelbe Bridge),是第一座单索面斜拉桥。

1962年,委内瑞拉马拉开波桥(Maracaibo Bridge),带挂孔混凝土斜拉桥,是第一座现代预应力混凝土斜拉桥,也是第一座多塔斜拉桥(图5-19)。由意大利工程师设计,属于稀索体系。此后的一段时间大多采用这种体系。其优点是结构形式简洁、传力途径明确、设计分析容易及斜拉索集中易于养护；缺点是由于索距太大，主梁必须很高，这导致主梁很重，配筋较多。

图 5-18

德国西佛林桥

图 5-19

委内瑞拉马拉开波桥

1974年，德国科尔伯伦特桥（Köhlbrand Bridge），是首次采用了双索面的密索体系斜拉桥（图5-20）。

图 5-20

德国科尔伯伦特桥

20世纪70年代初，我国交通运输部科学院负责对吊桥进行设计，经反复研究、比较，决定在重庆云阳县采用新工艺、新技术，建一座全国还没有建过的钢筋混凝土斜拉桥。1973年，交通运输部科学院重庆分院、四川省设计院分别抽调10名设计人员，组成云阳斜拉桥设计试验小组，对大桥进行设计。1975年，我国首座现代斜拉桥在重庆市云阳县建造完成，主跨径76米，是第一座预应力混凝土公路斜拉桥，开启了中国现代斜拉桥的建造历史。

该桥的建成，为我国桥梁建设积累了宝贵的经验，具有划时代意义。

1977年，法国勃鲁东桥(Brottone Bridge)，是采用预应力混凝土为主梁的斜拉桥，也是第一座采用密索体系的混凝土斜拉桥。

1978年，美国P-K桥(Pasco Kennewick Bridge)，首创了双三角边箱主梁及预制节段悬臂拼装施工工艺（图5-21）。

1986年，加拿大安纳西斯桥(Annacis Bridge)，是组合梁斜拉桥建造技术走向成熟的标志。

位于我国上海市的杨浦大桥，主跨602米（图5-22），福建青州闽江桥，主跨605米（图5-23），更是将此种桥型的应用推向巅峰。

图 5-21

美国 P-K 桥

图 5-22

上海杨浦大桥

图 5-23
福建青州闽江桥

5.3.2 现代斜拉桥的发展趋势

现代斜拉桥自诞生之日起在许多方面经历了巨大的演变。随着结构技术的进步，抗风、抗震以及施工稳定性研究的深入，斜拉桥这种桥梁形式在 20 世纪末得到了飞速发展。结构形式的轻型化、多塔斜拉桥、部分斜拉桥等的趋势极大地增加了斜拉桥在大跨度和中小跨度桥梁中的竞争力。

随着现代工业技术的发展，高强度、高弹性模量钢丝得以大量生产，加之计算机技术的开发，使得人们能够精确分析多次超静定结构，结构可靠度理论、结构动力学的出现和发展也为斜拉桥抵抗风振、地震等危害提供了强力支持，现代斜拉桥最终得以大量建造。同时，伴随着斜拉桥理论体系的不断进步和施工工艺的不断提高，现代斜拉桥正向着大跨径和特大跨径不断突破。在短短几十年的时间内，跨度由 100 米左右跃进到 1000 米以上。世界范围内斜拉桥的数量和跨度不断攀升。其结构形式也更为美观，桥塔形式更加独特、多样化，桥面加劲梁更为轻巧。

虽然斜拉桥在我国的发展时间很短，但中国依然是世界上斜拉桥发展最快、最好的国家之一。无论是斜拉桥的结构形式，还是艺术造型的设计，中国无疑已成为一个斜拉桥的世界博物馆。很多造型美观、跨度巨大的著名斜拉桥，以及新材料、新工艺、新技术的运用，都可以在中国找得到。

斜拉桥发展至今，不仅在技术上更加完善，还在表现形式上趋于多样化。科技与艺术的结合，使得全球陆续涌现出一批让人叹为观止的、形式各异的斜拉桥奇迹工程。

5.4 斜拉桥形态赏析

5.4.1 分类

斜拉桥有多种分类方式。按主梁的受力状态分有漂浮体系、支撑体系、塔梁固结体系和刚构体系；按梁体结构分有钢斜拉桥、混凝土斜拉桥、组合梁斜拉桥、混合式斜拉桥以及我国首次出现的钢管混凝土斜拉桥；按索的特征分有双索面、单索面、稀索体系、密索体系、无背索斜拉桥；按拉索的锚固体系分有自锚式、地锚式、部分地锚式；按塔数分有独塔、双塔、三塔、四塔、五塔、六塔、七塔等；按塔形分有门形、独柱形、钻石形、A形、H形、倒V形、倒Y形等多种形式，或斜塔、低塔、折塔、曲线形塔等特殊形式；按塔的材料分有混凝土索塔、钢索塔；按组合体系（斜拉桥与其他桥型组合产生的一些混合体系桥型）分有吊拉组合体系桥、斜拉板桥、斜拉拱桥等。

5.4.2 形式各异的现代斜拉桥

1. 不同的孔跨布置

现代斜拉桥最典型的孔跨布置为双塔三跨式与独塔两跨式。

1）双塔三跨式

双塔三跨式斜拉桥可以布置成两个边跨相等的对称形式（图5-24），也可以布置成两个边跨不相等的非对称形式。

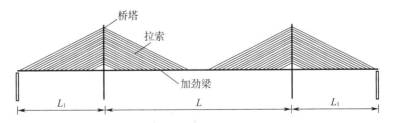

图5-24 双塔三跨式

中国自古便执着于对称美：诗词讲究平仄对应，对联要求对仗工整,连建筑也是画在纸上,从中间一折,便可重叠。中国哲学里一切都有两面,"对称"意味着:和而归一,阴阳协调。正所谓:天有日月二光,道有阴阳两方。

宜宾长江大桥,主桥为双塔双索面混凝土梁斜拉桥,全长828米,跨距布置为184米+460米+184米,为对称双塔三跨式斜拉桥(图5-25)。

图 5-25

四川宜宾长江大桥

对称的思想也是我们对大自然的模仿(图5-26)。留心就会发现,自然里美的东西很多都是对称的。在模仿自然中我们能感到安心,而这也是中国传统文化的核心。

图 5-26

自然的对称美

然而,随着审美水平的不断提高,越来越多的设计具有一种不对称的美感。为了追求过于对称的设计,设计的空间往往有限。而非对称性具有一种视觉上的张力,能够将某种特殊的感觉转化为观者的兴趣。越来越多的设计师将视觉重点放置到偏离视觉中央的位置,通过不对称性来吸引观者的注意,打造一种特殊的"视觉路径"。

2019年11月28日,世界最大跨径非对称混合梁斜拉桥——湖北嘉鱼长江公路大桥(图5-27)(南塔高255米,北塔高235米)胜利通车。该桥是武汉城市圈环线高速公路西环孝感—仙桃—咸宁段跨越长江的控制性工程,线路全长4.66千米,跨江主桥长1650米,其中主跨采用920米非对称单侧混合梁、半漂浮体系斜拉桥,桥面为双向六车道高速公路,设计速度为100千米/小时。嘉鱼长江公路大桥的通车,圆了300万咸宁人民的"大桥梦",结束了咸宁没有长江大桥的历史,实现了咸宁与荆州"南北两岸融一体,天堑从此变通途"的百年梦想,对推动长江两岸沿线经济高质量快速发展具有重大意义。

图5-27

嘉鱼长江公路大桥

2)独塔双跨式

独塔双跨式斜拉桥常布置成两跨不对称的形式,即分为主跨与边跨(图5-28);也可以布置成两跨对称的形式(图5-29)。

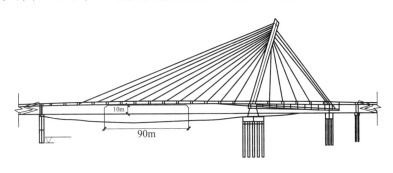

图5-28

独塔双跨式(不对称)

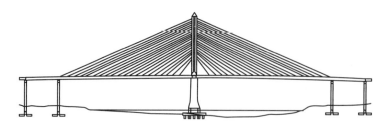

图 5-29
独塔双跨式（对称）

陕西咸阳渭河二号大桥是目前我国西北地区最大的单塔斜拉式大桥，于 1995 年 12 月 19 日建成通车（图 5-30）。

图 5-30
渭河二号大桥

3）独塔单跨式

单跨式斜拉桥一般只需要一个桥塔，由于不存在边跨，塔后斜索只能采用地锚形式（图 5-31）。

图 5-31
地锚形式斜拉桥

西班牙的阿拉米罗桥（Alamilo）为举办 1992 年世界博览会而

建成，为无背索独塔单跨式斜拉桥（图5-32）。虽然阿拉米罗桥不是最经济的结构形式，但它以一种独立、非对称的新颖形态，突破了原有的结构框架，给人们留下了非常深刻的印象。内灌混凝土的钢结构箱形桥塔，倾斜58度，高度达162米，以自重平衡桥面荷载。桥塔的设计可以看作是设计师卡拉特拉瓦惯用斜柱的一种演化。13 对平行的斜拉索、倾斜的桥塔、微微拱起的桥面，使桥体看起来仿佛一架竖琴，充满了紧张的力量感（图5-33）。

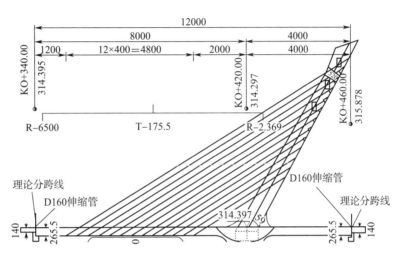

图 5-32
西班牙阿拉米罗桥，单跨式斜拉结构

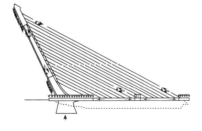

图 5-33
西班牙阿拉米罗桥，力的平衡

荷兰鹿特丹伊拉斯谟斯大桥（Erasmusbrug）就以其突出的外观造型，引人注目，为世人赞美，这座斜拉索桥以美妙的姿态跨越了792米的距离，外形恰似优雅的天鹅，被人称为"天鹅桥"，闻名于世。建筑师超越了传统桥梁建筑的概念，此桥不仅是个建筑物，更是一个都市和桥梁建筑史上的艺术品（图5-34）。

4）多塔多跨式

斜拉桥与悬索桥很少采用多塔多跨式，主要原因是没有很好的方法来有效地限制多塔多跨式斜拉桥的中间桥塔顶的变位。

湖南岳阳洞庭湖大桥是岳阳市跨越洞庭湖口的一座特大型桥梁。

图 5-34
荷兰伊拉斯谟斯大桥

大桥总长5783.5米，主桥主跨采用2×310米三塔双斜面索（图5-35）。

图 5-35
湖南岳阳洞庭湖大桥

希腊里约—安蒂里奥大吊桥（Rio-Antirio Bridge）拥有四座桥塔，横跨在帕特雷附近的科林斯湾之上（图5-36）。

图 5-36
希腊里约—安蒂里奥大吊桥

2. 不同的斜拉索布置

斜索在空间内的布置形式一般有三种类型：单索面、双索面、空间索面（图 5-37~图 5-39）。

单索面和双索面与主梁抗扭问题有密切关系。一般而言，采用单索面，斜索对抗扭不起作用，因此要求主梁有较大抗扭刚度；采用双索面，作用于桥梁的扭矩可由斜索的轴力来抵抗，因此对主梁的抗扭刚度要求不高。

空间索面的布置形式一般有四种：放射形、扇形、竖琴形（或称平行形）和星形。

图 5-37

单索面桥

图 5-38

双索面桥

图 5-39
空间索面斜拉桥

3. 桥塔的形式和布置

桥塔主要有三种类型：单柱形、倒 V 形、倒 Y 形。

黑瞎子岛乌苏大桥，主桥采用跨径为 140 米 +140 米的单塔单索面钢箱梁斜拉桥，主塔为混凝土结构，高 117 米，钻孔群桩基础；主梁采用带大挑臂钢箱叠合梁。该桥设计采用了具有鲜明时代特征的大挑臂单索面斜拉桥型，充分展现了我国桥梁建设的最新成就（图 5-40）。

图 5-40
黑瞎子岛乌苏大桥

香港昂船洲大桥为单塔双索面斜拉桥，离海面高度 73.5 米，而桥塔高度则为 290 米（图 5-41）。昂船洲大桥的设计以 2000 年一项国际设计比赛的得奖作品为蓝本,参加角逐的设计公司来自世界各地,都是业界的翘楚。

随着社会经济文化发展水平的不断提高,人们会更加重视桥梁的艺术造型和景观设计。桥梁建筑的美学因素、环境保护效果、能否可持续发展将成为桥梁建设的重要评价指标。

图 5-41

昂船洲大桥

番禺大桥(图 5-42)是广珠东线第二座特大型桥梁,也是中国国内第一座采用倒 Y 形桥塔(图 5-43)以及空间索面的混凝土梁大跨斜拉桥。

图 5-42

夜晚下的番禺大桥

鳊鱼洲长江大桥,主塔采用 H 形混凝土结构,2017 年 10 月开工建设,2021 年 12 月正式通车。该桥是京九高铁的过江通道,属安九(安庆—九江)铁路的关键性控制工程。大桥全长 3537 米,其中主航道桥长 1320 米,为主跨 672 米的双塔双索面钢箱混合梁斜拉桥,是目前国内首座铁路钢箱混合梁斜拉桥,也是目前国内线路最多、荷载最大的铁路箱梁斜拉桥（图 5-44）。

图 5-43
倒 Y 形桥塔（胡镇彬摄）

图 5-44
鳊鱼洲长江大桥

杭州湾跨海大桥，采用倒 V 形桥塔，为独塔扇形空间索面斜拉桥（图 5-45）。

图 5-45
杭州湾跨海大桥

汕头礐石大桥，桥塔为 A 形，是我国第一座钢箱梁与 PC 箱梁混合结构斜拉桥，为一座双塔空间索面斜拉桥（图 5-46）。

图 5-46

汕头礐石大桥

5.4.3 形式独特的斜拉桥

英国盖茨黑德千禧桥（Gateshead Millennium Bridge）绰号为"眨眼桥"。盖茨黑德千禧桥专供步行和骑自行车的人通过。它横跨在英格兰的泰恩河上，将盖茨黑德和历史名城纽卡斯尔市连接起来，成为城市的标志性建筑和亮丽的新景观（图5-47）。白天，大桥的颜色呈现出略带蓝色的白色；夜晚，它被五光十色的彩灯装扮起来，在河面上留下绚丽的倒影。它已经成为这座城市的骄傲。

图 5-47

眨眼桥

巴西圣保罗奥利韦尔大桥（Ponte Oliveira），全长1.4公里，主塔总高度138米，相当于46层大楼的高度。它的独特之处在于两条交叉（呈现为 X 形）的桥身和一座 X 形的支撑吊塔（图5-48）。

图 5-48

巴西奥利韦尔大桥

沈阳三好桥（图5-49）是一座世界首创的钢拱塔斜拉桥，荣获全球桥梁设计最高奖项"尤金·菲戈奖"和2009年度全球道路成就奖。该桥总设计师是美国国家工程院院士、中国工程院外籍院士邓文中博士。桥上的钢拱塔重量达1800吨，外形为百合花瓣，因此又被称为在浑河上展翼的"蝴蝶翅膀"，同沈阳富民桥（图5-50）一样，是沈阳市的又一标志性建筑。

沈阳富民桥，全长932米，主桥420米，为折线型双塔独柱式单索面预应力混凝土斜拉桥。该桥的线型双塔独柱式单索面结构技术为世界首创。

香港汀九大桥于1998年5月6日建成通车。它采用了新颖的斜拉索设计，其独特之处在于三桥塔式设计："纤细美观的独脚架"桥墩，使桥身、桥塔、斜拉索融为一体，犹如3只从天而降的巨伞（图5-51）。

图 5-49

沈阳三好桥

第 5 章
刚柔与飞跃——斜拉桥

图 5-50

沈阳富民桥

图 5-51

香港汀九大桥

同济大学土木工程学院张其林教授主持设计并监造完成的世界首例无背索斜拉弧形玻璃桥——潭溪山高空玻璃桥，获 2019 世界结构大奖"行人桥梁奖"（图 5-52）。

图 5-52

潭溪山高空
玻璃桥

潭溪山风景区位于山东淄博市，是国家 AAAA 级旅游区、国家森林公园、国家水利风景区。潭溪山顶部是一高约 100 米的内凹形悬崖峭壁，峭壁两端突出的山体相距 100 多米。在这样特殊的地形

131

上兴建一座具有外凸形桥面板的人行玻璃景观桥，可使桥面上的行人远眺时能欣赏整个潭溪山的自然风景，俯瞰则能获得危险感和刺激感的悬空体验！它被誉为"齐鲁空中走廊"，与山崖风格浑然一体。晴天时，蓝天和白云的倒影铺满玻璃桥面，有踏云而行的快感；云雾天气时，玻璃桥则在雾中若隐若现，宛如海市蜃楼。

桥面与拱的制作都是在山背后完成的，桥面和拱都在一个水平面上。施工时把桥面翻过来，桥面翻过来之后再把大拱翻过来，这就是转体施工法，在这个过程中每一步都做得非常精细。

结构工程专家们对这座桥的结构设计给予了高度评价："这座玻璃桥是借结构成就建筑之美，结构特别轻巧，从力学上说非常合理，是一种新的结构形式。""潭溪山无背索斜拉弧形玻璃桥，填补了中国景观桥梁的一个空白。它的设计新颖独特，结构稳定合理，工程难度大，尤其是采用的施工方法，更是前所未有、世界首创，体现了我国桥梁建设的最高水平。"

港珠澳大桥于2018年10月24日正式通车。港珠澳大桥全长55公里，主桥长约29.6公里，海底隧道长约6.7公里。作为世界上最长的跨海大桥，港珠澳大桥使穿梭于港珠澳三地的交通时间大大缩短，促成"1小时生活圈"，大大促进了三地交流及大湾区发展。

由于三地都希望大桥位于各自区域内的部分拥有"非常独特的美学设计"，因此每个导航通道桥都有不同的造型，可谓独树一帜。根据所跨越的区域，桥塔被设计为三种形状：江海直达航道桥上是"海豚"，青州航道桥上是"中国结"（图5-53），九洲航道桥上类似于"船帆和竖琴"（图5-54）。同样，为了减少驾驶员穿越大桥时的疲倦无聊感，设计师为桥面板加入了曲线设计，在美观与抗震结构需求之间找到最完美的点。

除了有美学的吸引力，这样的曲线设计还能使港珠澳大桥的使用寿命达到120年。大桥可以承受时速340公里的强风，相当于16级台风；它还可以承受8级地震和30万吨级超大型货船的撞击。2018年9月，"山竹"台风以250公里/小时的风速肆虐香港，但大桥完好无损。设计师们因此相信，港珠澳大桥可以抵御比"山竹"更加极端的天气。这座桥的使用寿命符合全球标准，在适当的维护下，其寿命还可以在原计划的基础上再延长40~50年。

图 5-53
青州航道桥"中国结"

图 5-54
九洲航道桥"船帆和竖琴"

美国鲁克丘基桥（Ruck-A-Chucky Bridge）是横跨美国河奥本坝库区的曲线斜拉桥，最大限度地利用了地势，依山傍水，极好地保护了原始的自然环境，勾勒出梦一般的图画。鲁克丘基桥曾在1979年赢得Progressive Architecture的设计首奖。虽然最后未能付诸工程，但该桥一直被公认为力学与美学结合的作品典范，并被称为"最著名的未建成的桥梁"。

第6章
浑然与崎岖——悬索桥

悬索桥，凌空悬渡，桥塔高耸，造型优美，气势雄浑，如同一条钢铁巨龙，破空而出，雄踞在滚滚波涛之上，腾跃在岩壑海峡之间。悬索桥以一种"征服海川，天堑变通途"的雄浑气势，以一种跨越极限的王者姿态，在山谷间、河海上，衔接道路，创造景观。可谓凝结了人类的智慧，成为人类桥梁建筑史上的又一巅峰。连接着过去与未来，承载着光荣与梦想。

本章将带您一起领略悬索桥的由来、发展，让我们一起走进连山越海、跨越极限的悬索桥的世界（图6-1）。

图6-1
矮寨悬索桥

6.1 悬索桥的由来

古人利用森林中的藤、树茎等做成悬式桥以渡小溪。早期婆罗洲、老挝、爪哇的原始藤竹桥,都是悬索桥的雏形。不过,具有文字记载的悬索桥雏形,最早的要属中国。中国悬索桥直到今天,仍在影响着世界吊桥形式的发展。

悬索桥的历史是古老的。尽管不知道人类采用天然材料建造索桥起于何时,但中国是最早有相关文献记载的国家。早在公元前三世纪,在中国四川境内就修建了"笮桥"(竹索桥)。四川《盐源县志》记:"周赧王三十年(公元前285年)秦置蜀守,固取笮,笮始见于书。至李冰为守(公元前256—251年),造七桥。"七桥之中有一笮桥,即竹索桥。实际上,笮除了表示"用竹篾拧成的索"这个意思外,还可以指民族或姓。古代有部族名为笮都,主要分布在今凉山地区。秦国灭了蜀国并设吏治理(秦置蜀守),也就势占了人家笮人的地(固取笮)。后来,汉武帝时设置笮县,其就是今天的盐源县。显然,这里的"笮"代表一个民族或地区。若把"笮"当成"竹索"解,那说明可能早在李冰之前,就有人能架笮桥了。可见至少在公元前三世纪,我国已经记录了竹索桥。

除东晋的《华阳国志》外,《汉书·西域传》中早已有"以绳索相引而度(渡)"的描述;把铁环连成铁链,用于军事和索桥,也是首先在中国出现。在索桥方面,云南神川铁桥佐证了古代中国铁索桥早在隋唐就已出现。中国西部山区的各族先民,对悬索桥的起源和发展,作出了伟大的贡献。

6.1.1 悬索桥的起源

古代人怎么想到造索桥的?在古代,若遇到不宽不深的河水溪流,人们在河中摆放一些石块,或者将石板搁放在石堆上,或者将树干搭放在两岸,就可踏石或踏木过河。待技术有所发展,就可建造一些跨度十分有限的木梁桥、石梁桥和石拱桥。面对实在难以造桥的地方,就只能坐船渡河,或者望河兴叹了。

相比而言,在崇山峻岭之中造桥,其难度就要比在平原和丘陵地区造桥大得多。在我国云南的三江(怒江、澜沧江、金沙江)并流区域,在西藏雅鲁藏布江流域,在四川、贵州的一些地区,那里高山崎岖，峡谷深切，急流汹涌，即便是今天建桥，也绝非易事，更不用说没有现代造桥技术、材料和工具的古人了。

古人有能力建造跨度不大的梁桥或拱桥，但从今天的桥梁工程角度看，在高山深谷之间建造跨度十分有限的梁桥或拱桥，那就得在峡谷急流中建造桥梁基础，并架设高墩，这是难以实现的。最好的方法，就是不与水打交道，一跨越过。古代人大概是从山林间动物借助藤蔓攀缘（图6-2）和天生"悬索桥"（图6-3）中得到启示，发明了以藤、竹、草等自然材料加工成索来造桥的办法，逐步创造出了三大基本桥式（指梁、拱、索）之一的索桥。

图 6-2
动物攀缘藤蔓

图 6-3
天生"悬索桥"

第 6 章
浑然与崎岖——悬索桥

索桥起源于对神奇自然的模仿。经历直接利用自然界天生地就生长的藤萝蔓莽的阶段后人们由被动转为主动,稍加织造,用长条作股,绞成绳和索,开发出利用绳索加配木板建造出越来越长的索桥的形式。

6.1.2 悬索桥的雏形

在两岸固定一根索,一头高,一头低,就可借倾斜之势滑越渡河。这就是最古老的渡河工具——溜索。

生活在三江并流区域和雅鲁藏布江流域的各少数民族,历史上多使用溜索渡河。直到今天,极少数边远地区仍在使用溜索,但材料已改用钢丝绳或钢绞线了(图6-4)。

图 6-4

云南怒江溜索

溜索通常只能渡人,不仅不方便,而且很危险。倘若多用几根索,上下布置,索间用藤或绳连结成网状,或者直接用藤编成网,就成为索网桥或藤网桥(图6-5),人就能比较方便和安全地过河了。

图 6-5

藤网桥

后来出现了多索的形式,即一部分索平铺在下面,上铺木板形成较宽的桥面;一部分索高置两侧,兼做扶手和护栏,如西藏早期索桥(图6-6)。这样的索桥,既可以行人,也可过渡货物、牲畜,这就是早期的索桥。它已经与现代的悬索桥非常接近,是悬索桥的雏形。

图 6-6
西藏早期索桥（庄学本摄于1934—1942年间）

采用各种藤蔓或编织的草绳为索造桥，如古老的竹篾藤桥（图 6-7），这一古朴的手艺存在于中国西南、南美、日本、非洲等地，有些地方还作为一种传统文化，一直延续至今。这类桥的特点是：保存时间不长，随坏随修。

图 6-7
古老的竹篾藤桥

如果你不恐高，秘鲁阿普里马克河的印加草绳桥必须去一次。
印加草绳桥（Incarope Bridge）（图 6-8），又被当地语言称为克斯瓦洽卡（Q'eswachaka），克斯瓦意为"草绳"，恰卡意为"桥"。

图 6-8

印加草绳桥

克斯瓦洽卡是迄今尚存的印加草绳桥之一，其建造传统可追溯到 500 多年前。它横跨阿普里马克峡谷之上，全长近 38 米。每年 6 月，当地的建桥人 Eleuterio Callo Tapia、Victoriana Arizapana 和他们的邻居一起把绳桥拆散，并用当地名为 Ishu 的野草编织一架新的。依据传统，接下来就是歌舞齐鸣的建桥仪式。如今，克斯瓦恰卡作为一种文化传统得到重视和保护，并于 2013 年 12 月入选联合国非遗名录。

6.2 古代悬索桥

陆游诗中"度笮临千仞，梯山蹑半空。"描绘的就是古代悬索桥凌空悬渡的英姿。

6.2.1 中国古代著名悬索桥

早在汉宣帝甘露四年（公元前 50 年）人们已经在四川建成长达百米的铁索桥。1665 年，徐霞客有篇题为《铁索桥记》的游记，曾被传教士马尔蒂尼（Martini）翻译到西方。该书详细记载了 1629 年贵州境内一座跨度约为 122 米的铁索桥。1667 年，法国传教士 Kircher 从中国回去后，著有《中国奇迹览胜》，书中记有建于公元 65 年的云南兰津铁索桥。该书曾译成多种文字并多次再版。据科技史学家研究，在上述书出版之后，索桥才传到西方。在云南亦较早就出现了悬索桥，据《徐霞客游记·滇游日记》记云南龙川东江藤桥云："一里余，则龙川东江之源，滔滔南逝，系藤为桥于上以渡。"可见，中国古代悬索桥有着长久的历史和丰富的经验。

在《徐霞客游记·黔游日记》中，记载了他游历贵州盘江铁索桥（图 6-9）的经历。该桥建成于 1631 年，在关岭、晴隆二县交界处跨越北盘江，采用传统制式。

图 6-9
贵州盘江铁索桥（张佐周摄于 1934 年）

如今，下游马马崖水库蓄水，为保护文物，只得再做一座悬索桥，将原桥整体提升，形成独特的"桥中桥"，如图 6-10 所示。

图 6-10
贵州盘江铁桥（2014 年完成整体提升保护项目后）

1. 安澜桥

四川都江堰（过去称灌县）安澜桥，是古代笮桥的延续。宋朝以前叫"珠浦桥"，明末毁于战争而改为船渡，清代仿旧制重建，改名安澜桥。安澜桥下面用木排架 8 座及石墩 1 座承托，将桥分成九孔，全长 320 米，一孔最大跨度 61 米。（图 6-11，图 6-12）。1964 年，山洪冲毁古桥；1965 年重建时改木桩为混凝土墩柱，改承重竹索为直径 25 毫米的钢丝绳；1974 年，修建外江闸门时，把桥从鱼嘴处向下游迁移了 130 米；1982 年，该桥被列为国家级文物保护项目。

2. 神川铁桥

在云南丽江玉龙县西北的塔城乡，曾有一座建于唐朝的跨越金沙江的铁索桥，后毁于唐贞元十年（公元 794 年）吐蕃与南诏之间的一场战争。今天能看到的，只是1991年当地政府在遗址处设立的一块"古铁桥遗址"碑（图6-13）。

图6-11

安澜桥

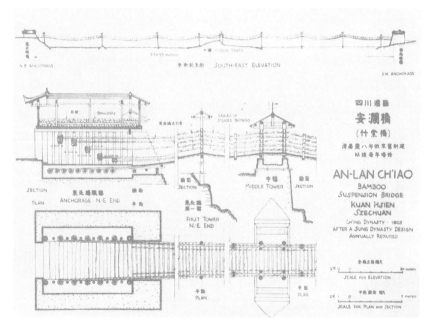

图6-12

安澜桥手绘图
（梁思成）

至于神川铁桥的建造者，众说纷纭，没有定论：有的认为是隋朝名将史万岁所建；有的说是云南阁罗凤（南诏第五代王）所建。但当代史界学者一般认为是吐蕃（公元618—842年间的古代藏族政权）所建，这是因为后来藏族人在建造铁索桥方面颇有建树，唐东杰布就是一位杰出的代表。

图6-13
"古铁桥遗址"碑

3. 唐东杰布建造的铁索桥

唐东杰布的建桥事迹流传很广。唐东杰布是西藏的一位传奇人物。他是得道高僧。他懂建筑、会炼铁、善艺术,一生中共修建了58座铁索桥,被后世尊称为"铁桥活佛"。

唐东杰布亲身感受到西藏地域辽阔、山高水险,交通极不发达。这给藏族人民的生产、生活带来了很大不便。于是,他不畏辛劳,跋山涉水,向民众讲明了搭桥的意图,赢得了许许多多人的信赖和政府官员的支持,终于于1430年在雅鲁藏布江上首次建成曲水桥。曲水桥(位置在今拉萨曲水县达嘎乡达嘎村,1966年建成的曲水大桥附近),也叫甲桑桥(Chaksam)。此桥现已不存,图6-14为英国探险家和学者沃德尔(L. A.Waddell)在他1905年出版的 *Lhasa and Its Mysteries* 中的曲水桥插图。该桥的铁索与桥面通过吊索(牦牛毛制成)连接,这被公认为是世界首创。桥的跨度约137米,在当时是相当了不起!

现西藏日喀则南木林县城的湘河上,还存有一座唐东杰布主持修建的铁索桥,名南木林铁索桥(或湘河铁索桥),见图6-15。桥两头建有类似桥塔的桥头堡,手工打制成的两条铁链穿堡而过,依附铁链形成悬挂式的桥面,桥跨长55.7米,人行走道宽0.9米。可清楚看出这桥的构造与曲水桥是一脉相承的。1996 年,南木林铁索桥被评为自治区级文物保护单位。

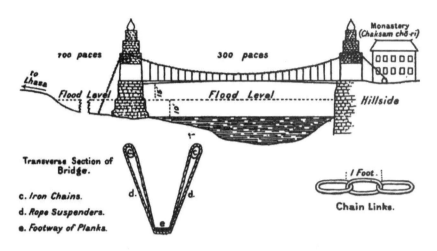

图 6-14

曲水桥立面布置示意(绘制于 1878 年)

图 6-15

南木林铁索桥

4. 霁虹桥

索桥最初使用竹索或藤索搭造,后来才逐渐改用铁索。在索桥中较为著名的是霁虹桥,此桥是东汉时期建造的,又名兰津桥。它建在云南的澜沧江上,这里两岸峭壁直入云霄,浪高水急,因此它用铁索横贯两岸的巨岩为桥。

霁虹桥位于云南大理州永平县境内(图 6-16)。该桥始建于公元 60 年前后,为藤篾桥;公元 1295 年改建为木桥;公元 1475 年改建为铁索桥,经清朝多次修葺和重建,一直沿用至 1986 年。

该桥总长 113.4 米,净跨径为 57.3 米,桥宽 3.7 米,由 18 条铁链(其中承重底链 16 根,扶链 2 根)组成。1986 年 10 月,在桥上游 150 米处的燕子岩因暴雨滑坡,截断澜沧江达 15 分钟。高涨的江水突破滑坡体后,冲断了 15 根铁链,冲毁了两端桥亭。后保山市洞经协会募捐，于1999年6月，在原桥上游20米处重新架设了一座长120米、宽2米的索桥。

图 6-16

云南霁虹桥

霁虹桥的一端有一面绝壁，名普陀崖，上面布满了文人墨客的题刻，部分题刻如图6-17所示，其规模之大，保存之好，国内罕见。题刻中有明代成化年间的"西南第一桥"，明嘉靖年间的"壁立万仞"，清康熙年间的"霁虹桥"和"天南锁钥"，乾隆年间的"悬崖奇渡"等等。题刻中依稀可见的"人力所通"四个大字，是对古代劳动人民聪明才智的褒奖称颂。可惜的是，随着下游小湾水电站的建成蓄水，这些珍贵的摩崖石刻也就此消失了。

图 6-17

霁虹桥头的部分题刻

5. 泸定桥

泸定桥的建造及出名，均与战争有关。清康熙三十九年（公元1700年），清廷发动"西炉之役"。战后为稳定"西炉"边地，促进汉藏之间的经济贸易和文化交流，清政府于1705年拨重金兴建泸定铁索桥，于次年5月建成（图6-18）。桥修好了，得有个名。康熙皇帝取"泸水"（当地人对大渡河的称呼）、"平定"（平定打箭炉之乱）之意，御笔亲书"泸定桥"。

图6-18

泸定桥

1935年，中央红军长征期间，为争夺泸定桥，两军打了一次非常重要的仗。对此，大家耳熟能详，就无需细说了。飞夺泸定桥战斗的胜利，对后来中国革命走向成功，起到举足轻重的作用。自1959年八一电影制片厂发行《万水千山》电影以来，几十年来我国拍摄了许多与红军长征（也包括泸定桥之战）相关的电影、电视剧、纪录片。如1980年的电影《大渡河》和《飞夺泸定桥》；2005年的电视剧《长征》；2016年的战争动作电影《勇士》等。

泸定桥是一座享誉中外的历史名桥。当时它是连接川藏交通的咽喉要地，也是大渡河上建造最早、跨度最大的一座铁索桥。桥的跨度100米，由13根锚固于两岸桥台的索链组成。其中，9根索链为底，上铺木板形成桥面（宽2.7米）；4根索链分置两侧，用作桥栏和扶手。每根索链由近千个手工锻造的熟铁环相扣形成，两岸桥台上还设有风格独特的桥亭。1961年，泸定桥成为第一批全国重点文物保护单位。

建造至今，泸定桥已历经了三百多年的风风雨雨，今天依然横跨在大渡河上。靠什么呢？一靠质量控制。当初建造时的监工非常严厉，要求每个铁环必须打上记号，今后若有差池，按号索骥，按律严惩。二靠持续的养护维修。三百年来，桥梁管理者一直坚持"三年一小修，五年一大修"的惯例。前者指拆换损坏的桥板等，后者则是卸下全部铁索，由最有经验的老铁工用小铁锤逐环敲打检查，有问题者以新换旧。巧合的是，1935年4月，就在飞夺泸定桥战斗的前一个月，泸定桥刚刚完成一次大修。1969年，泸定桥首次采用28毫米低碳圆钢锻打成的环，代替原来一直采用的荥经所产毛铁（指刚出炉尚未经锤锻的熟铁）；1976—1979年，进行了一次大维修（更换6根底链，修复桥亭，加固桥台，整治环境，维修碑文等）；2002年进行了有史以来规模最大的一次加固维修，包括采用旋喷注浆方法加固台身及基础，增加了9根直径15毫米的承重钢绞线等。泸定桥目前仍在使用，它沟通着两岸，承载着历史，承载着希望，生生不息，绵绵不绝。

根据上文，我们对古代索桥有以下几点基础性认识。

第一，尽管不知道人类采用天然材料建造索桥起于何时，但中国是最早有文献记载的国家。

第二，把铁环连成铁链用于军事和索桥的使用方式，也是首先在中国出现。在索桥方面，说古代中国铁索桥最早出现在隋唐，比较可靠，云南神川铁桥就是一个佐证。

第三，中国西部山区的各族先民，对悬索桥的起源和发展，作出了卓越的贡献。

6.2.2 西方古代悬索桥

据科技史学家研究，徐霞客《铁索桥记》和法国传教士基歇尔的《中国奇迹览胜》出版后，索桥才传到西方。

马提诺·马尔蒂尼（Martino Martini），中文名卫匡国，是天主教耶稣会意大利籍传教士，欧洲早期著名汉学家、地理学家、历史学家和神学家。1643年第一次到中国，1657再次到中国，1661年因霍乱病逝于杭州并葬于当地。他著有多本书，其中最有影响力的，可能要数《中国新图志》（*Novus Atlas Sinensis*）。该书1655年初版用拉丁文、荷兰文、法文等语言出版，是一部能较完整描述当时中国地理的著述。其中，有一段文字（这里参考李约瑟的《中国科学技术史》第四卷第三分册）说：在毕节西部山谷中的一条河流上，架有一座铁索桥。

阿塔纳修斯·基歇尔（Athanasius Kircher）是一位17世纪的德国耶稣会成员和博学家。与中国桥梁相关的信息，记录在1667年他编写出版的 *China Monumentis Illastrata*（翻译为"中国奇迹览胜"或"中国纪念物图说"）一书中。这书的信息资源，来自身在远东的耶稣会传教士（包括卫匡国）传回的报告。看查尔斯·范·图伊尔在1986年翻译的英文版，用文字（没有绘图）介绍了4座中国的桥梁，其中就包括云南的一座铁索桥，并转述说该桥建于汉代（公元65年），这大概就是云南景东兰津桥。

从新航路（15—16世纪之交）开辟以来的百余年时间内，东西方之间通过传教士、旅行者和商人等带动的宗教、文化、商业交流，使欧洲逐步了解到古代中国的索桥技术。

1. 西方古代早期悬索桥

文艺复兴时期——名人的构想（同5.1.3节），图6-19是浮士德·威朗兹欧（Fausto Veranzio）构想的悬索桥的模样。特别值得提醒的是：图中的悬索桥，均在大约200多年后才逐步得以实现。据此，浮士德·威朗兹欧被称为伟大的桥梁技术发展预言家。

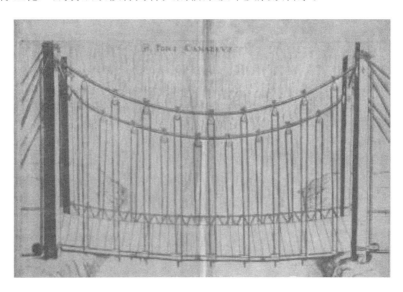

图 6-19

浮士德·威朗兹欧构想的几种新桥式之一

据记载，西方铁链悬索桥于1741年始于英国。英格兰1741年建成的温奇桥（Winch）（图6-20），如同古代中国的铁索桥，这桥用尺寸不大的铁环制成铁链,除桥面拉索外,桥下也设锚索,以保稳定。桥的跨度21.34米,桥宽0.61米,跨越蒂斯河(Tees)。1830年,再建该桥(小铁环改为长眼杆)并沿用至今。

图6-20

英格兰温奇桥（1741—1830年,绘画作品）

2. 西方古代后期悬索桥

随着工业革命的进行,悬索桥的建造技术也随着时代潮流蓬勃发展。从1801年詹姆斯·芬利建雅各布涧悬索桥,至1883年布鲁克林桥建成,其间比较有代表性有如下几座悬索桥。

1801年,从苏格兰移民到美国宾夕法尼亚州的詹姆斯·芬利（James Finley,其主业是地方的助理法官）,建造了一座熟铁链式悬索桥（Jacob's Creek Bridge）,该桥于1825年损毁。该桥跨长21米,两根主缆由眼杆组成并锚于地面。这桥被美国人视为第一座现代悬索桥,理由是：有塔有锚碇,桥面通过吊索与主缆相连,桥面呈水平状以利通车。1908年,芬利采用同样的构造方式,建造了斯古吉尔河瀑布桥（Bridge at Falls of Schuylkill）（图6-21）,并为该桥式申请了专利,可惜该桥毁于1836年的一场火灾。

图6-21

美国斯古吉尔河瀑布桥（1808—1816年）

该桥全长93米,桥宽5.5米；主缆和吊索均由长2.44～3.66米的眼杆组成；采用木质A形塔架,木桁架梁。桥分两跨,每跨约

47 米。从使用情况看,这座桥(包括芬利所建的其他若干座桥)并不算完全成功:1916 年,一群牛过桥,加上桥上有积雪,桥就垮了。尽管如此,芬利的桥式不仅满足了交通便利的要求,还得到了桥梁工程界的重视,广为传播并被争相效仿。

18 世纪下半叶,欧洲(尤其是英国)建造了一些铁制环链(尺寸较小的铁环相连)悬索桥。自 19 世纪起,欧洲和美国开始改环链为销链(尺寸较大的眼杆,用销子相连)。环链的跨度做不大,构造处理不方便,只能用于人行桥;销链有所改进,但应力集中和疲劳开裂等问题突出,眼杆连接处的磨耗也会导致变形增大。另外,不论是环链还是销链,架设都很不方便。因此在钢丝问世之前,采用铁丝(尽管强度不高)来代替销链,就是大势所趋。

1824 年瑞士日内瓦建造了圣安东尼人行桥(Passerelle de Saint-Antoine),见图 6-22。此桥三塔两跨,桥长 80 余米,塔间距 42 米,梁长分别为 33 米和 23 米;有 6 根主索,每索由 90 根铁丝组成,每丝直径 1.9 毫米。

图 6-22
圣安东尼人行桥
(绘画作品)

1826 年,英国连接威尔士内陆和安格尔西岛的梅奈海峡(Menai Straits)桥(图 6-23)问世。这座桥由著名的土木工程师托马斯·特尔福德(Thomas Telford)设计(他是英国皇家学会会员,英国土木工程师学会的创建者和第一任主席),是英国一级文物建筑,在世界桥梁史上也占据着相当重要的位置。英国李约瑟说:"此后吊桥就不足为奇了"。

该桥是一座公路桥,采用熟铁和石料制作;全长 417 米,主跨 176 米(为当时世界最大跨)。建成时,大缆由 16 根销链组成,4 根一组,每根包含 935 根眼杆。因此桥没有加劲桁架,人们很快就发现在风荷载作用下桥的稳定性不足的问题(同时代英国不少的链式悬索桥大多因此破坏），于是在1840年对其进行加固。1893年，把全部木梁改换成钢桁梁；1938年，在不封闭交通的情况下，把熟铁销链改成钢销链；1999年，该桥封闭一个月，重做桥面并整修。

图 6-23

英国梅奈海峡桥

看着欧洲悬索桥的进步，美国人急于迎头赶上。1830年，一位来自宾夕法尼亚的20岁有志青年小查尔斯·埃利特（Charles Ellet Jr.）自费到巴黎学习了两年的悬索桥，1832年返回美国。参加一次桥梁设计竞赛（他提供的是悬索桥方案）失败后，他没有灰心，继续努力，终于在1842年，在宾夕法尼亚州费城建成美国第一座永久性的"法式"（指用铁丝做主缆）悬索桥——费尔蒙特（Fairmount）桥（图6-24），跨越斯古吉尔河（Schuylkill）。

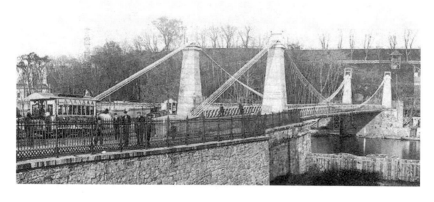

图 6-24

美国费尔蒙特桥
（1842-1870年）

该悬索桥跨度109米，矢跨比约1/12；共设10股索，5股一组，索径约7.6厘米。全桥共用2816根铁丝，每根铁丝都在亚麻籽油中煮过以防氧化，索外加防护并缠丝。

这桥建成后，埃利特再接再厉。1847年，在西弗吉尼亚州威林（Wheeling）桥（图6-25）的邀标中，埃利特战胜了约翰·罗布林（承建举世闻名的布鲁克林桥）。该桥的构造类同费尔蒙特桥（12股索，6股一组，每组500根铁丝），但跨度却一下子跃升到308米，1849年建成时成为世界第一大跨桥。没有想到的是，1854年5

月，一场风暴把桥吹垮了，埃利特只得再建。两个月后先临时抢通；1860年改建（把每侧的6股索改为2股，并外缠熟铁丝）；1874年，华盛顿·罗布林（约翰·罗布林的儿子）给这桥增加了加劲斜索；1954年，改建了桥面构造，成为今天我们看到的桥的样子。1968年，这桥被评为美国土木工程里程碑建筑，1975年被列为国家历史名胜。

图 6-25
美国威林桥

1848年，埃利特还承担了尼亚加拉瀑布悬索桥（Niagara Falls Suspension Bridge，1855—1897年）的初步设计（后由约翰·罗布林再次设计）。随后，埃利特转向水运和洪水治理工作，1862年被任命为军事工程师，不再做桥了。

同一时期，约翰·罗布林也在悬索桥领域高歌猛进。在尝试了两座小跨度悬索桥后，1854年，他建成了尼亚加拉瀑布悬索桥，这是世界上首座铁路悬索桥，上层通行火车，下层过行人和马车，跨度251米，后改建为拱桥。1866年，在俄亥俄州辛辛那提采用钢材建成以他名字命名的一座悬索桥，把跨度增加到322米。1883年，建成了举世闻名的布鲁克林桥（图6-26），跨度跃升至空前的486米，由此拉开了现代大跨度悬索桥建设的帷幕。

有关布鲁克林大桥的历史资料十分丰富。BBC出品的"世界七大工业奇迹"（Seven Wonders of the Industrial World）中，采用影视的方式再现了这桥的建设过程，有兴趣的读者不妨一览。

由贺若斯·琼斯和沃尔夫·巴里设计的伦敦塔桥（Tower Bridge of London，又名千年桥，图6-27），因在伦敦塔附近而得名。有时也被误称为伦敦桥（London Bridge），但实际上真正的伦敦桥位于它的上游。该桥始建于1886年，1894年6月30日对公众开放。该桥将伦敦南北区连接成整体。她不仅是当地地标，同时也是世界最美的桥梁之一，更是伦敦的象征，有"伦敦正门"之称。

图 6-26

布鲁克林桥

图 6-27

伦敦塔桥

　　伦敦塔桥是一座吊桥。它最初为一木桥，后改为石桥，现在是座拥有 6 条车道的水泥结构桥。河中的两座桥基高 7.6 米，相距 76 米。桥基上建有两座高耸的方形主塔，为花岗石和钢铁结构的方形五层塔，高 40 多米。两座主塔上建有白色大理石屋顶和五个小尖塔，远看仿佛两顶王冠。桥身分为上、下两层，上层（桥面高于高潮水位约 42 米）为宽阔的悬空人行道，两侧装有玻璃窗，行人从桥上通过，可以饱览泰晤士河两岸的美丽风光；下层可供车辆通行。当泰晤士河上有万吨船只通过时，主塔内机器启动，桥身慢慢分开，向上折起（图 6-28），船只过后，桥身慢慢落下，恢复车辆通行。

图 6-28

伦敦塔桥

从远处观望塔桥，双塔高耸，极为壮丽。桥塔内设楼梯上下，内设博物馆、展览厅、商店、酒吧等。登塔远眺，可尽情欣赏泰晤士河上下游十里风光。假若遇上薄雾锁桥，景观更为一绝，"雾锁塔桥"是伦敦胜景之一。

伦敦塔桥的设计颇为巧妙合理，在世界桥梁建筑业中有口皆碑。两岸两座用花岗石和钢铁建成的高塔，高约 60 米，分上下两层。上层支撑着两岸的塔，下层桥面可让行人通过，也可供车辆穿行。如果巨轮鸣笛而来，下层桥面能够自动往两边翘起，此时行人可改道从上层通过。桥塔内设有商店、酒吧，即使在雨雪天，行人也能在桥塔中购物、聊天或凭栏眺望两岸风光。从外表来看，塔桥的两端是维多利亚时代的砖石，但实际上塔身的结构主要是钢铁的，里面装有用来开合各重 1000 吨桥梁的水力机械。塔桥自建成至今，机械功能一直正常，从未发生故障。巨轮鸣笛致意后，上升机械只需一分钟便能使桥面升起。塔桥的设计是为了同时满足航运和路面交通两方面的需要。塔桥博物馆工作人员解释说，当时所有的桥都建在塔桥的西面，维多利亚中期，随着贸易的发展伦敦开始向东扩展，考虑要再建一座桥缓解交通，但码头老板认为桥会阻止他们的船只通过。讨论了多年终于建成了塔桥，它张开桥面时可以让大船通过，而水平的桥面又利于马车的行走。

6.3 现代悬索桥

自美国布鲁克林大桥建成以来,大跨度现代悬索桥进入了快速发展期。在20世纪30年代,悬索桥跨度突破千米(以美国乔治·华盛顿桥为代表);40年代解决了风致振动问题后,在20世纪末,悬索桥跨度接近两千米(日本明石海峡大桥)。

6.3.1 中国现代悬索桥发展

中国在古代索桥技术方面有着丰富的实践经验,近代中国没有跟上第一次工业革命的步伐,内外交困,经济、技术落后。由于种种历史原因,在近代悬索桥的发展史上,几乎看不到中国的影子。在现代悬索桥建设方面,中国到20世纪30年代才开始起步。

1938年,在当时既缺经验,又缺钢材的条件下,周凤九先生在湖南主持修建了川湘公路能滩桥。这是一座跨度仅80米、采用废旧钢铁建成的我国第一座链式悬索桥,可通行15吨的车。这桥虽已在1970年停用,但作为省级文物保存至今,见图6-29。

图6-29

湖南能滩桥

中华人民共和国成立后的四十年内,悬索桥建设仍无明显起色,值得一提的是1969年建成的重庆朝阳大桥(为双链式悬索桥,跨度168米)和1984年建成的西藏达孜桥(跨度达500米,但只能一次通行4辆20吨的车;后采用斜拉索加固,2014年彻底封闭)。直到20世纪90年代,悬索桥建设才真正迎来快速发展期:1995年建成汕头海湾大桥(主跨452米,预应力混凝土加劲梁),1996年建成西陵长江大桥（主跨900米，钢箱加劲梁），1997年建成虎门大桥（主跨888米，钢箱加劲梁）。短短20年内，我国悬索桥建设异军突起，发展迅猛，成就非凡，令世人瞩目。武汉杨泗港大桥，跨度已达1700米。跨度千米级的三塔悬索桥（泰州长江公路大桥、安徽马鞍山长江大桥、武汉鹦鹉洲长江大桥等）和用于速度300千米高铁交通的悬索桥（主跨1036米的五峰山长江大桥等），成为当代悬索桥建设中的技术创新亮点。

20世纪90年代以后，国内悬索桥的发展进入了新的阶段。下面将简要介绍国内几座具有代表性的悬索桥。

1995年建成的汕头海湾大桥（图6-30）标志着我国首次建成大跨径现代悬索桥，跨度为154米+452米+154米=760米，由于地基岩盘条件良好，该桥采用预应力混凝土加劲梁。

图6-30

汕头海湾大桥

1997年建成的主跨1377米的香港青马大桥（图6-31），建成时是世界上最大跨径的公铁两用悬索桥。该桥加劲梁为钢桁架梁结构，并用不锈钢板外包了风嘴，设有中央通风孔，有效提高了桥梁抗风稳定性。

1999年建成的主跨1385米的江阴长江公路大桥（图6-32），是我国又一座超千米跨径的特大桥；1999年底又建成了国内首座三跨连续漂浮式钢箱梁悬索桥——厦门海沧大桥。

2005年建成的主跨为1490米的润扬长江公路大桥（图6-33），在跨中设置了刚性中央扣连接主缆和加劲梁。

图 6-31

香港青马大桥

图 6-32

江阴长江公路大桥

2009年底建成通车的舟山西堠门大桥（图6-34）是我国目前已通车的跨度最大的悬索桥。该桥主跨为1650米，地处强台风区，加劲梁为分体式钢箱梁，全宽36米，中间开槽6米，能满足抗风稳定性要求。

2012年建成通车的泰州长江公路大桥（图6-35、图6-36）是世界上首座千米级三塔两跨悬索桥，跨度为1080米+1080米。该桥的关键技术是确定合适的中塔刚度。通过比选，该桥最终选择了有一定柔韧度的钢塔，并将塔形纵桥向设计为人字形来提高塔的刚度，刚柔结合，从而达到中塔的最佳刚度。

第 6 章
浑然与崎岖——悬索桥

图 6-33
润扬长江公路大桥

图 6-34
舟山西堠门大桥

图 6-35
泰州长江公路大桥

此外，国内不少城市建造了自锚式悬索桥，不仅造型美观，还能成为城市的标志性建筑物。自锚式悬索桥不需要修建锚碇，可以适用于软土地基，例如杭州江东大桥（图 6-37）。但是自锚式悬索桥存

157

在用钢量大、施工繁琐和造价高等缺点。

图 6-36
泰州长江公路大桥邮票

图 6-37
杭州江东大桥

6.3.2 国外现代悬索桥发展

一般来说，国外悬索桥发展后期，按地域大致可划分为以下三类。

1. 美国悬索桥

20 世纪 30 年代是美国修建大跨度悬索桥最兴旺的时期。最具代表性的是 1937 年建成的旧金山金门大桥（图 6-38），是世界著名大桥之一，被誉为近代桥梁工程的一项奇迹。大桥雄峙于美国加利福尼亚州宽 1900 多米的金门海峡之上。其主跨为 1280 米，曾保持世界最大跨径记录达 27 年之久。

图 6-38

美国旧金山金门大桥

金门大桥高架桥采用拱桥设计方案,而主桥采用双塔悬索桥设计方案,桥体涂装为橘红色。大桥桥体凭借桥两侧两根钢缆所产生的巨大拉力高悬在半空之中。是悬索桥界的杰出代表,在大型悬索桥工程中一直扮演着领头羊的角色。

2. 欧洲悬索桥

1966年,英国建成主跨度988米的塞文桥(Severn Bridge,图6-39)。该桥的建成是悬索桥发展中的一个突破,也是英国式悬索桥的开始。

图 6-39

英国塞文桥

塞文桥采用扁平柔细、界面具有良好抗风性能的全焊流线型钢箱梁，来代替美国式悬索桥的高、大桁式加劲梁。扁平流线型箱梁的构思无疑是一种进步，已被广泛采用。

受英国塞文桥的影响，1970年丹麦建成了第二座采用流线型扁平钢箱梁的小贝尔特桥（Little Belt Bridge，图6-40）。

图6-40

丹麦小贝尔特桥

1981年，英国又建成了当时第一跨度的亨伯尔桥（Humber Bridge，图6-41），此桥也是采用流线型扁平钢箱梁和斜吊索，索塔也是采用混凝土。

图6-41

英国亨伯尔桥

1991年开工，1998年开通的丹麦大贝尔特桥（Big Belt Bridge，图6-42），主桥跨度为535米+1624米+535米=2694米的悬索桥，其加劲梁为31米、高4米，隔板为桁架的钢箱梁。该桥的最大特点是锚碇采用三角形空腹构架式的重力锚，由于通透而显得轻巧，具有良好的景观效果。

图 6-42

丹麦大贝尔特桥

3. 日本悬索桥

日本悬索桥的发展主要是通过本州四国联络线的修建开始的,本四联络三线中有 22 座大桥,其中最著名的当属 1998 年建成的一座超世界跨度记录的特大跨悬索桥——明石海峡大桥(图 6-43),其跨度为 960 米 +1991 米 +960 米 =3911 米。

图 6-43

日本明石海峡大桥

日本在修建上述悬索桥的时候,受美国模式的影响较多。本四联络线中的悬索桥之所以采用桁式加劲梁,是因为考虑到其有公路、铁路两用桥,采用桁梁易于实现公路、铁路的分层通过。

在世界桥梁建设行业当中,有这样一句话:世界桥梁建设,20世纪 70 年代以前看欧美,90 年代看日本,21 世纪则要看中国。回顾悬索桥千年发展历史,大体可以简单归纳为:起源于中国,革新于英法,发展于美国,突破于日本,再次崛起在中国。如今,"中国桥梁"不仅仅一次次刷新着世界桥梁之最的记录,更成为代表"中国制造"的一张亮丽名片和彰显"技术艺术相结合"的重要符号。

6.4 回顾与展望

6.4.1 探索与突破

悬索桥起源于自然的创造,发展于人类的智慧。古人为了跨越深涧河谷，采用藤、竹等自然材料，经过简单的加工，发明了溜索。为了增加通过的安全程度和通行能力，又发明了多索体系，并增加了桥面板；随着冶铁技术的发展，人们逐渐用铁链代替了藤、竹等自然材料，建造了铁链索桥；随着基础科学和建造技术的发展，悬索桥逐渐发展到现代悬索桥的锚碇—索塔—主缆—加劲梁体系，见图6-44。

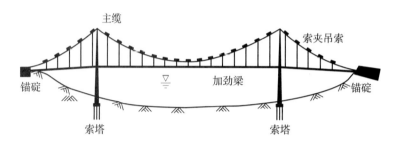

图6-44
现代悬索桥体系简图

悬索桥的发展过程也是人们不断地与自然界作斗争、不断地发现问题、持续地改进技术的过程。

1940年在华盛顿建成的主跨853米的塔科马海峡大桥（Tacoma Narrows Bridge），被风速仅19米每秒的风吹断下承式钢板梁的加劲梁，震惊世界。直到20世纪50年代，美国克服了悬索桥的抗风问题，再度致力于修建大跨度悬索桥，并加固了一些抗风能力差的旧桥。

塔科马海峡大桥在1940年6月底建成后不久（通车于1940年7月1日），人们就发现大桥在微风的吹拂下会出现晃动甚至扭曲变形的情况。这种共振是横向的，沿着桥面的扭曲，桥面的一端上升，另一端下降。司机在桥上驾车时，可以见到另一端的汽车随着桥面的扭动一会儿消失、一会儿又出现的奇观。因为这种现象的存在，当地人幽默地将大桥称为"舞动的格蒂"（风中舞动的美少女）（图6-45）。然而，人们仍然认为桥梁的结构强度足以支撑大桥。

大桥的倒塌发生在一个此前从未见过的扭曲形式发生后，当时的风速大约为19米每秒。这就是力学上的扭转变形，中心不动，两边因有扭矩而扭曲，并不断振动。这种振动是由空气弹性颤振引起的。颤振的出现使风对桥的影响越来越大，最终桥梁结构像麻花一样彻底扭曲了。在塔科马海峡大桥坍塌事件中，风能最终战胜了钢的挠曲变形，使钢梁发生断裂。拉起大桥的钢缆断裂，使桥面受到的支持力减小，并加重了桥面的重量。随着越来越多的钢缆断裂，最终桥面承受不住重量而彻底倒塌了。

图 6-45

舞动的格蒂

大桥最终坍塌的画面被当地照相馆的老板巴尼·埃利奥特（Barney Elliott）拍摄了下来，见图 6-46。1998 年，塔科马海峡大桥的坍塌视频被美国国会图书馆选定保存在美国国家电影登记处，这段震撼人心的视频"在文化、历史和审美学方面有着重要意义"。这段珍贵的电影胶片还对学习工程学、建筑学和物理学的学生起着警示的作用。

塔科马海峡大桥的风毁事故使人们认识到风是悬索桥最大的危害者，必须提高悬索桥的抗风能力。建桥人引进了飞机的抗风稳定性理念，进行了风洞试验，做了大量的研究工作，十年后重建塔科马海峡大桥——"舞动的格蒂"发展为"强壮的格蒂"（图 6-47）。

塔科马海峡大桥的倒塌虽然可惜，但也促进了工程师们对桥梁风振的重视和研究，使得后来建造的桥梁更加安全可靠。

在不断探索中，主缆组成由铁链发展到用优质锻铁，到钢丝绳、镀锌高强钢丝，现在已发展到直径 7 毫米的镀锌高强钢丝。悬索桥作为目前最古老且跨越能力最大的桥式之一，正在不断超越自己的跨径极限。

图 6-46
塔科马海峡大桥风毁事故现场

图 6-47
新塔科马海峡大桥"强壮的格蒂"

桥梁跨径问题是工程界自我超越与否的重要指标体系。悬索桥作为最自然的桥型，在跨径上一直不断突破——1931 年，美国华盛顿大桥跨径破千米；36 年后，金门大桥跨过 1280 米；1998 年，日本明石海峡大桥跨径 1991 米。我国的大跨径悬索桥也于 21 世纪初进入国际视野——2005 年，主跨 550 米的卢浦大桥建成；2008 年，主跨 1088 米的苏通长江大桥通车；2009 年，舟山连岛工程西堠门大桥的主跨达到 1650 米。60 年间，悬索桥的跨径和建造数量翻了近 4 倍。

6.4.2 未来王者

世界级重难点技术问题的解决，必将带动新工艺、新设备、新技术的持续革新，实现桥梁建设的新飞跃。桥梁一直以来就是交通的重要组成部分，是连接世界经济的重要纽带。超大跨径桥梁的出现，征服了难以跨越的峡谷，到达了遥不可及的彼岸，对全球的交通出行、商贸往来及地缘政治格局都具有重要的影响力。随着科学技术的进一步发展，新材料、新技术、新设备等不断涌现，世界桥梁的发展也将不断迈上新台阶，人类追求更大跨径桥梁的梦想终将一步一步成为现实。

人们在现有技术水平下建造超大跨度的桥梁，无一例外选择了悬索桥，同其他桥型相比，悬索桥具有明显的技术和经济优势。

未来王者的优势何在？

优势之一：材料用量和截面设计方面。其他桥型的主要承重构件的截面积，需随着跨度的增加而增加；而大跨悬索桥的加劲梁（其材料用量在全桥用量中占相当大的比例）却不是主要承重构件，其截面并不需要随着跨度而改变。

优势之二：构造方面。许多构件截面积的增大会受到客观条件的制约，例如梁的高度、杆件的外廓尺寸、钢材的供料规格等；但悬索桥的大缆、锚碇和塔，这三个主要承重构件在扩充其截面积或承载能力方面，所遇到的困难则较小。

优势之三：大缆受力方面。众所周知，桥梁构件主要承受拉、压、弯的作用。受弯构件难以充分发挥材料潜力，受压构件需要考虑稳定问题，只有受拉构件最为合理。由于悬索桥大缆受拉，其截面设计容易，材料使用效率高，跨越能力也最强。

优势之四：施工方面。悬索桥（不包括自锚式）的施工总是先将大缆架好。这样，大缆就可视为一个现成的悬吊式支架，加劲梁的架设就比较方便。当然，虽然为了防御强风的侵袭，大缆也必须采取防范措施，但与其他桥式所用的悬臂施工方法相比，风险较小。

悬索桥是未来大跨度桥梁的王者，那么悬索桥的极限跨径是多少呢？据相关专家、学者的研究，从空气动力学角度来看，悬索桥的极限跨径可以达到 5000 米！著名桥梁专家、中国工程院外籍院士邓文中曾通过公式推导，论证了在保证设计荷载、通行安全的前提下，建设万米级悬索桥是可行的。有朝一日，悬索桥能够真正地实现连山越海跨越极限，实现海川天堑变通途的壮举，彼时的悬索桥，必将成为人类文明史上的又一大奇迹！

万米级悬索桥虽不被日常交通出行所必需，但却是一种趋势的展望和技术的探索。如果万米级跨径悬索桥实现，那么世界上所有的海峡都可以被跨越，全球的交通出行、商贸往来、地缘政治格局或将被改变，桥梁将成为国际沟通最关键的要素之一。

第 7 章
唯美与简约——桥梁装饰

古代社会,随着技术水平的提高,人们在造桥过程中,在桥梁上留下许多人工劳动的痕迹,特别是伴随着人们对桥的认知的不断深入,以及建筑材料的日渐丰富,形式多样的桥梁如雨后春笋般不断出现,桥梁也从单一关注结构功能,走向结构与装饰相结合的多元发展。

何谓结构?结是结合之义,构是构造之义,合起来理解就是事物的各个组成部分之间的有序搭配。

何谓装饰?《词源》解释为"装者,藏也;饰者,物既成加以文采也。"指的是对器物表面添加纹饰、色彩以达到美化的目的。

最早出现的"踏脚石",可谓天造地设的桥,没有人为雕琢,呈现的是自然的鬼斧神工。自人类有意识建桥开始,人们在满足最基本的生存需要后,逐渐有余力考虑精神的需求。这份需求最早源于对大自然的敬畏心理,以及人类成长中逐步建立起来的文化属性、审美认同等社会发展中经济、社会、文化、环境等各种因素的影响。这一阶段开始,人们的审美观念发生了变化,从原始的粗壮、天然、纯朴的美,逐步转变为细腻、华丽的装饰美,在功能上,逐渐轻视实用,重视装饰成了时尚。这时,繁琐的雕刻和绘画成为这个时代桥梁的特征。

此时的东方和西方,带有各种文化印记的桥梁装饰争奇斗艳,"巴洛克""洛可可"等以豪华装饰为主的风格充斥欧美;中国传统图案纹饰,如避邪纹、连胜纹、万字纹、云雷纹、水波纹、绶带纹、花草纹、回形纹、双钱纹、寿字纹、双福纹、双鱼纹、八卦纹、菱角纹、中国结连环纹等成为各类桥梁纹饰;桥柱上有了狮子石雕、麒麟石雕、大象石雕、葫芦石雕、神鸟石雕、神兽石雕、鲤鱼跃龙门石雕、鲤鱼成龙石雕、二龙戏珠石雕、海狮戏球石雕等传统题材的桥饰。这样的桥便多了隐藏的故事或传说，在连接历史与现代、承载跨越和沟通、成就桥与人的相遇和分别时蕴含了更多的文化意义；在岁月的长河中，通过装饰符号书写出人们对桥梁艺术价值的新的、更深一层的感情。所以这段时期，过度装饰成为桥梁的标志性特征。

18世纪的工业革命给生产和经济带来了繁荣，随着科学技术的进步，人类开始迈进新时代，并逐步认识到桥梁的美应更多地来自桥梁结构本身。从这一时期开始，桥梁的跨度越来越大，结构越来越合理，材料越来越进步，设计理论越来越成熟。这使得桥梁结构充分体现出工业时代人类的聪明才智，体现出人的本质力量，现代桥梁美学开始萌芽。桥梁装饰也从豪华的折中主义风格到取消装饰、净化建筑，继而走向丰富空间、增加艺术享受的新阶段。

20世纪20年代，人类的审美观念再次发生变革，不再满足对功能和单体审美价值的追求，而更加关注人与生存环境的总体是否和谐、舒适、愉快，此时桥梁同象征性或当地文脉紧密地结合起来。桥装饰了自然，自然同样装饰了桥，桥与自然构成了一个完美的世界。

对桥的装饰可以说是从无到有，从初期的点缀、中期的繁复，再次回归到理性认知，发展到后期的突出桥梁功能以及与自然和谐统一的唯美与简约。

7.1 桥梁装饰起源

> 云想衣裳花想容，春风拂槛露华浓。若非群玉山头见，会向瑶台月下逢。
>
> 《清平调·其一》（唐 李白）

桥的产生偶得于自然，来自实用，不曾装饰。

说到桥梁装饰，有人要问，桥梁装饰是从什么时候开始的？据史料记载，古巴比伦王国在公元前1800年（公元前19世纪）就建造了多跨的木桥。这时的多跨木桥，只是满足通行功能，也没有任何装饰，建造相对简单。风雨中的多跨桥，供人们通过时，多少会让人心中忐忑。久而久之，或出于敬畏，或出于祈福、辟邪的心理，人们将一些寄托之物放在桥头，搭在桥身上，或将那种带有自然纹理，仿佛图腾标志的东西立在桥边，起到震慑作用。这种将桥的存在与人的平安联系在一起的遗存，成为桥梁装饰最早的雏形。

第 7 章
唯美与简约——桥梁装饰

中国在周代（公元前 11 世纪—公元前 256 年）已建有梁桥和木浮桥，如公元前 1134 年左右，西周在渭水架有浮桥。浮桥用铁牛作维系浮桥之物，起到加固、抗风浪作用，这种借助牛的大力与自然作斗争的方式，既有实用的功能，同时也起了装饰的作用。

公元前 300 年，美索不达米亚石拱桥出现。初期石桥也是没有什么装饰的，但在建造过程中，因为石材大小不一，形状也不规则，建造时，桥上就会有若干不规则的石块突出墙面，虽不是有意设计，但也别有韵味，如图 7-1 所示，后来便成为有意的装饰。再有施工中，在墩身部分插入的横木留下的孔洞，或者石头，施工后无意留了下来，无形中起到了丰富立面的装饰作用。

图 7-1

简易石拱桥

可以说，桥梁装饰是无心插柳之作。从心理作用开始，从无意到有意，直至刻意。在实用基础上，与能否产生美感，是否具备应有的气氛，以及体现某种意境息息相关。在古代希腊语中，只有技艺一词，而没有艺术这个单词。技艺既指艺术，又指工艺。所以古代的建设者，没有技术和艺术的区分，他们的身份常常是建筑师、雕刻家和工程师，桥梁建筑自然就有美的呈现。两千多年前罗马的建筑理论家维特鲁威曾写道："所有的建筑需要坚固、实用和美观"。当后期的建桥过程中，实用、材料的选择、建造技法结合，以及人们对美的期望相结合，桥梁就逐步成为艺术的结合体。在这样的情境下，人们往往愿意给予它更多的关注和投入，桥梁装饰也就开始"大行其道"。就像童话故事中的灰姑娘，亭亭玉立的身姿下，一定要配上一双水晶鞋，这样才会与众不同,光彩照人,熠熠生辉。设计和建造上,最著名的就是以割圆拱和大拱上加小拱著名的赵州桥:桥上栏杆雕刻着龙,拱顶石上附着吸水兽,让富有民族色彩的"神物"祈福平安。这样的桥梁装饰也成为国内桥梁史上的代表样式。

据史料记载,最鼎盛的桥梁装饰可追溯至文艺复兴时期,当时的艺术打破了中世纪的阴郁,出现了新的繁荣。受当时宗教文化影响,一般桥上往往建有教堂、神龛或其他宗教性的建筑物,栏杆和桥壁上刻有圣母圣子的壁龛,展示出特有的宗教威仪;还有就是罗马神话人物、武士或各种神兽等。那个年代风行以虚饰为美德,在桥梁装饰上以有趣的艳饰为主,层层堆叠,尽显雍容华贵,其装饰之美极尽繁复,如巴黎亚历山大三世桥(图7-2),桥的功能退而成为附属。

所谓"绚烂之极,归于简略"。复古和无节制的装饰,使被装饰的桥逐渐只有装饰的价值,破坏了桥内在的形式和内容、真和美的和谐与统一。所以,随着功能认知的回归,桥梁装饰逐步进入理性时期,特别是近现代以来,突出实用功能,减少不必要的装饰,让桥梁本来的结构美、艺术美绽放,桥梁装饰也逐步进入到简约之美。

图 7-2

巴黎亚历山大三世桥

7.2 桥梁装饰形式

隐隐飞桥隔野烟,石矶西畔问渔船。桃花尽日随流水,洞在清溪何处边。

《桃花溪》(唐 张旭)

鹊桥相会,是神仙的杰作;有桥的人间,同样演绎不俗的美。

作为五大艺术之首(建筑、音乐、绘画、诗歌、雕塑),建筑被称为凝固的音乐,飘逸的诗歌,不朽的雕塑。其中的桥梁建筑,同样值得这样的赞誉。古往今来,为了尽可能满足人们求美的愿望,设计师们除在桥梁的结构、外形上不断创新求变,也在桥梁的装饰方面下了很多功夫,甚至使很多桥的艺术价值大过其应用价值,成为一个个建筑艺术精品。很多桥就是靠着精美的装饰而闻名于世,且久负盛名。

7.2.1 桥梁入口装饰

说起桥梁入口装饰,我们常常会看到桥头建筑物。对欧洲中世纪有军事作用的桥头堡及纪念性的凯旋门的推崇,使桥头有了堡垒或教堂式建筑。桥头建筑使桥进一步延伸,这种体量的建筑物往往意在体现"雄伟壮丽",或作为特殊意义的标志,更注重群塑或造型等,以显示其不一样的韵味。武汉长江大桥建造过程中,对于桥头"堡"如何建造向全国征求方案,原则就是使总的美术配合能更加强而有力,须将分离两种韵调的桥台作某些加强。在这些转点的塔柱上,按照建筑美术中所习用的术语把桥梁予以"界分",最终建成了以民族形式的锅底券高拱为引桥,以具有民族形式但体量稍小的小亭为桥头"堡"的桥梁作品。有了对比后,在南京长江大桥建设中,人们对桥头"堡"建设提出了"雄伟壮丽"的要求,几经修改,最终桥头建筑以前台和后台两部分组成。前台以三面红旗为主题,后台以群塑为主体,使南京长江大桥造型新颖,焕然一新,见图7-3。

还有一种桥梁入口装饰,就是桥塔、桥亭。国内早期的木梁桥也好,石拱桥也罢,通常都是有桥亭的。比如说建于金华市的通济桥,它横跨婺江南北,原为浮桥,元朝元统二年(1334年)建成。当时的通济桥有11孔桥墩,桥墩高出水面41尺,桥面又高出墩上8尺,桥长780尺,上覆瓦屋五十间,间以三殿两亭,亭置四天王,殿塑妥大士、泗洲僧伽等神像。损毁后屡经修复,到清嘉庆十四年(1809年)改为13孔石拱桥,掀掉屋瓦,加筑石栏,桥亭设置依然保留。这种装饰类型就是祈福之用。

图 7-3

南京长江大桥入口装饰图

再有一种桥梁入口装饰,就是雕塑。"万物并育而不相害,道并行而不相悖",作为一种艺术形式,雕塑应用到桥梁装饰上,极大地提升了桥梁的文化意义。雕塑的应用主要体现在石拱桥上,西方以宗教主题为主,多数为圣母圣子等图案;我国桥头雕塑的主题常见的有龙、凤、狮子、大象、牛,也伴有兔、猴、马、狗、莲花、如意、芳草图案等,雕刻在人们可以观瞻的地方。法国巴黎亚历山大三世桥桥头入口上下三层以雕像装饰,内容十分丰富,显示出法国在国际上的一流艺术水平。

7.2.2　桥上栏杆装饰

桥上栏杆设计的目的就是安全。有了栏杆,商贾凡夫、老少妇孺涉水过河,就降低了意外落水的风险,从心理上、生理上都起到了保护作用。作为桥的辅助部分,相对桥的主体而言,投入的设计和考虑的元素要少很多。栏杆,包括灯柱这些部位,与桥的结构很少发生关系,却和时代的喜好密切相关。从繁复角度讲,古桥要超越近现代的桥。现代的装饰设计原则趋向简洁,所以,现在的栏杆灯柱等也以极简单的形式居多。

1. 木桥栏杆装饰

公元前 2000 多年前,古巴比伦曾在幼发拉底河上建石墩木梁桥,其木梁可以在夜间拆除,以防敌人偷袭。在罗马,凯撒曾因行军需要,于公元前 55 年在莱茵河上修建了一座长达 300 多米的木排架桥,没有所谓的栏杆以及装饰。在瑞士卢塞恩至今保存着两座中世纪式样的木桥:一是 1333 年前始建的教堂桥,二是 1408 年始建的托滕坦茨桥。这两座桥都有桥屋,顶棚有绘画。建有桥屋,是使木桥长期存在的一个重要形式,能遮风避雨,使木桥使用更长久。在亚洲,木拱桥出现更早,如程阳风雨桥,流行于湖南、湖北、贵州、广西等地,是这一带区域的特色桥,全用木料筑成,桥面铺板,两旁设有栏杆、长凳,桥顶盖瓦,形成长廊式走道(图 7-4)。

图 7-4

木桥栏杆装饰

2. 石桥栏杆装饰

石梁桥和石拱桥,历史都很悠久。中国历史上著名的石梁桥有洛阳桥和卢沟桥。

洛阳桥,又名万安桥(图 7-5)。该桥位于福建省泉州市东北 20 里同惠安县交界的洛阳江上,既是中国著名梁架式古桥,也是世界桥梁"筏形基础"的开端,于宋皇祐五年(公元 1053 年)至嘉祐四年(公元 1059 年)修建完成;全长 540 米,48 孔,每孔有花岗石柱 7 根,每根长 11 米,宽 60 厘米,高 50 厘米;有挟拦 500 个,石狮 28 只,石亭 7 所,石塔 9 座,作为桥上装饰,现仅存石塔 3 座,石亭 1 座。

图 7-5

福建洛阳桥

卢沟桥为十一孔联拱桥，拱洞由两岸向桥中心逐渐增大，拱券跨径从 12.35 米至 13.42 米不等，桥身中央微微突起 93.5 厘米，坡势平缓。河面桥长 213.15 米，加上两端的引桥，总长 266.5 米。桥身总宽 9.3 米。桥面宽 7.5 米。桥两侧雁翅桥面呈喇叭口状，入口处宽 32 米。桥面两侧设置石栏，北侧有望柱 140 根，南侧有 141 根。望柱间距约 1.8 米至 2 米，柱高 1.4 米。柱间各嵌石栏板，栏高约 0.85 米。拱上柱与栏杆柱之间以雕塑连接，281 根望柱，每个柱子上都雕着狮子。这些狮子有大有小，大的有几十厘米高，小的只有几厘米，甚至连鼻子眼睛都看不清。它们的形状各不相同，有的蹲坐在石柱上，好像朝着远方长吼；有的低着头，好像专心听桥下的流水声；有的小狮子偎依在母狮子的怀里，好像正在熟睡；有的小狮子藏在大狮子的身后，好像在做有趣的游戏；还有的小狮子大概太淘气了，被大狮子用爪子按在地上，整座桥以高超的建桥技术和精美的石狮雕刻独标风韵，誉满中外，实属古今世界上一大奇观。

3. 钢桥栏杆装饰

中国钢桥始于清末，伴随着铁路的发展而发展，经历一波三折。1902 年詹天佑主持修建了京张铁路 121 座钢桥，总长 1951 米，最大跨度 33.5 米，采用华伦式桁梁。这是由中国人首次自行设计建造的钢桥。

中华人民共和国成立后，中国钢桥的发展驶入了快车道。1957 年 10 月，中国钢桥首次跨越长江，建成了武汉长江大桥。毛泽东两次欣然登上大桥。写下了"一桥飞架南北，天堑变通途"的豪迈词章。这是中国钢桥的第一座里程碑。大桥有上下两层，下层铺设铁路双轨，南北列车可同时对开。两侧有 2.25 米宽的小道，专供大桥养护人员行走；上层为公路桥桥面，车行道宽 18 米，可并行 6 辆汽车，其两侧人行道宽 2.25 米。正桥人行道外缘，建造了铸有各种飞禽走兽的齐胸栏杆；大桥的两侧是对称的花板，内容多取材于中国的民间传说、神话故事等，有孔雀开屏、鲤鱼戏莲、喜鹊闹梅、玉兔金桂、丹凤朝阳、雄鸡报晓、鸟语花香、菊黄蟹肥、石榴结籽、猕猴摘桃、鱼跃荷香等，极具民族气息。每隔 32 米矗立一对灯柱，入夜成串的桥灯远望如过江银龙，壮丽奇绝。

7.2.3 桥拱装饰

桥拱是桥梁结构中的重要部分，是力与美的组合，在桥梁设计中占有重要地位。桥拱的装饰，自然和拱柱联系在一起，自下而上形成一体，通常都表现出鲜明的民族形式。

1. 天然的桥拱装饰

利用材料本身材质，利用其自然形态、纹理、颜色等建筑桥墩，使之呈现出材料的自然状态，流露自然韵味。自中世纪以来，以石料作装饰已经取得比较丰富的经验，得到一定的应用。用天然的石料建造的桥与周围的环境融合在一起，使桥成为自然的一部分。

2. 镶面装饰

美国早期很多钢筋混凝土桥都用花岗石镶面，墩上拱墙附着浮雕，通过把桥拱墙等原本的东西包起来，让人们直观地感受桥的结构与实用性之外，还能够补充美的存在。因为这种桥与内容和形式、真与美的统一不太相符，其艺术色彩就显得微不足道。

7.2.4 桥梁装饰

近年来光电技术飞速进步，其在建筑装饰上的应用，表现出了超强的艺术效果，因此很多桥梁装饰设计师也越来越多加以引用，使一些白天看起来很平淡的桥，夜晚在灯光的辉映下大放异彩。还有一些桥白天看起来已经很好看，随着夜晚灯光亮起，又呈现出另一种异样的视觉美感，堪称奇幻。

为什么会这样呢？因为灯光可以突出造型，尤其是一些曲线，会在灯影中更加富有韵律；灯光可以汇集丰富的色彩，让桥身变得五光十色；灯光可以营造静谧的氛围，让桥体显得神秘莫测；灯光以黑夜为陪衬，而增加立体的效果。所以灯光具有更强的艺术表现力。

1. 重庆朝天门大桥

2009年4月29日，主跨为当时世界上最长的拱桥——朝天门大桥建成通车（图7-6）。

白天看，大桥钢架为银灰色，而桥拱的主梁部分被赋予红色，以凸显优美的弧线。黑夜降临，灯光亮起。附在钢架上的白灯时而闪亮，使粗犷的钢架结构变得清晰，显得细腻，并在整体造型充分表现的基础上，展现出一种强烈的内在美。切换的红灯亮起，使桥拱的优美曲线表现得更加清晰，再由排成一条直线的白色桥面路灯贯穿红色弧线之中，红色、白色灯带交相辉映，流光溢彩，美不胜收。

图 7-6　朝天门大桥

2. 水道桥

水道桥是西方国家中较常见的一种古桥，属于古罗马的建筑风格。白天看，水道桥气宇轩昂地伫立在那里，向世人展示出一种粗犷、雄浑、伟岸之美。夜晚时，饰灯亮起，若即若离的光晕下，忽然间有了不一样的味道。桥完全沉浸在了静谧、深邃、典雅的氛围里，美到了极致。

3. 赫久古桥

伊朗的赫久古桥（Khaju Bridge），以独具特色的一排排通透的拱门连成。自然光线下，110米的桥长加上石砖、石块等建筑材料，赋予了该桥颇为雄伟壮观的外表。

夜幕下，灯光从一个个桥拱深处透出，使精致的拱券轮廓线变得非常清晰而且富有立体感。远远望去，神秘、深邃与肃穆之感油然而生。有人称赫久古桥是"世界上最美的拱桥"，或许就是指在这夜色的灯光下，这份无法言说的美的呈现吧。

4. 眨眼桥

英国的眨眼桥，以桥身能够随着需要升降而闻名。

日光下的眨眼桥，只见两个弧形的外观，看起来有些许神秘，仔细分辨会发现其与传统的梁桥有所不同；夜色下的眨眼桥，则如同换装登台，"眼影""眼线"都饰以光艳靓丽的色彩，耀眼于夜色之中，俨然一个摩登女郎，俏丽却不失典雅。

5. 锦带桥

名列日本三大名桥之首的锦带桥，以主桥简洁的三叠起伏勾勒出一条圆滑的波浪线，形成一种丝带飘逸之感。大石块筑起的桥墩坚实稳固，配以木质多拱桥梁，又凸显轻巧秀美。

黑夜之中，灯光照射到桥墩，桥梁在隐约中尚依稀可见，更似河面上漂浮的锦带，在波光中闪耀。尤其是全桥与水中倒影合在一起，使锦带桥的韵味倍增。

7.3　桥梁装饰文化表现

东南形胜，三吴都会，钱塘自古繁华。烟柳画桥，风帘翠幕，参差十万人家。云树绕堤沙，怒涛卷霜雪，天堑无涯。市列珠玑，户盈罗绮，竞豪奢。

重湖叠巘清嘉，有三秋桂子，十里荷花。羌管弄晴，菱歌泛夜，嬉嬉钓叟莲娃。千骑拥高牙，乘醉听箫鼓，吟赏烟霞。异日图将好景，归去凤池夸。

《望海潮·东南形胜》（宋 柳永）

我们知道，任何美感都是借助于一定的物质而反映出特定的思想意识，进而成为观念形态。不以物质作载体，就无法形成作品。而形成的作品往往带有设计和制作者的思想和感情，并唤醒使用者的审美意识和审美判断，从而出现美与丑、雅与俗、文与野、高与下之分。桥梁作为建筑的一种结构形式发展至今，已将物质文化与精神文化融为一体，既具有现实美，又具有欣赏美，相互交叉，相互依存。

桥梁建筑诞生于人们的迫切需求，是先有其实、后有其名的。随着它的发展，桥梁建筑文化展现了人类的本质力量，确证了人类征服天堑的决心，积淀了历史寄托的情感。可以说，桥梁文化是人的文化，是人的意识的展示与升华。从这个角度出发，桥梁美在人的认知中不断被发现、被创造、被应用，并被欣赏。桥梁由物质构成，是道路的延续，是沟通东西、连接南北，便利人行、车走的通道，仿佛"彩虹""纽带"，构成人们生活的物质环境；同时作为意识和信息的载体，承载着人们的思想、意识形态以及国家、民族、宗教、伦理等文化符号，带来独特的审美魅力，影响着人们的心理活动、情感、性格等方面，成为人们的精神环境。正因为这样，人们学会从目的形式认识桥梁的交通需要，从人的自由本质的物化形式认识到桥梁的审美需要，将桥梁的现实功能、工程技术以及审美尺度联系在一起，构成完整的桥梁美。

古往今来，桥梁在建造和使用过程中，与许许多多文化有着千丝万缕的联系。因此，桥梁不仅是技术的，而且是文化的，集技术与文化于一身。一个地区、一个民族、一个时代，不同的文化，不同的自然环境，在桥梁上有不同的表现。桥梁装饰作为文化符号，在桥梁文化中也起到了画龙点睛的作用。

综合分析桥梁装饰，可以说既表现为技术性和艺术性相叠加，又体现出科学性和社会性相融合，同时还受到时代的美学、材料、技术、经济、社会、环境、心理等众多因素影响和制约。在桥梁装饰表现形式上，民族符号、地方风格、时代特征和历史情结成为装饰的主旋律，形成一些特定的风格和特色，流露出令人心醉神迷的风采。

7.3.1 民族符号

人事有代谢，往来成古今。江山留胜迹，我辈复登临。水落鱼梁浅，天寒梦泽深。羊公碑尚在，读罢泪沾襟。

《与诸子登岘山》（唐 孟浩然）

什么是民族符号？

马克思指出："人们自己创造自己的历史，但并不是随心所欲地创造，而是从过去继承下来的条件下创造"。一个民族繁衍生长在特定的区域，有着自己独特的历史和传统，形成独特的文化心理结构，表现在审美和艺术活动中，反映出不同的审美理想和趣味。民族符号就是一个民族的标志，是以民族文化为核心，以民族文化元素作为构图元素，精心构思设计用来表达民族文化信息的符号。对于中国人来说，龙、狮子等形象更像是一种符号、一种情绪、一种血肉相连的情感，是中国人独特的文化创造、观念创造、符号创造。

无论是现实美还是艺术美的作品，都一定是民族的产物，都带有这一民族的特征和风格，反映着这一民族的心理、生活方式、习俗以及性格等特点。普列汉诺夫说："任何一个民族的艺术都是由它的心理决定的，它的心理是由它的境况所造成的。"每个民族凭借自己鲜明的特色和符号标志，表达自己的情绪，关联到所有与之相关的世界中，演绎着不朽的故事和传说，也成为生活中不可缺少的重要组成部分。对于桥梁来说，先有其实、后有其名，从不明其状，到有意为之，逐步走向审美，不同国家、不同民族的审美传统、聪明才智和精湛技艺伴随桥的发展历史得以充分体现。下面请欣赏一些生活中的桥梁例证。

1. 广济桥

广济桥古称康济桥、丁侯桥、济川桥，俗称湘子桥，又称潮州湘子桥，位于广东省潮州市古城东门外，横跨韩江，连接东西两岸。桥全长518米，东边梁桥长283.35米，有桥墩12个和桥台一座，桥孔12个；西边梁桥长137.3米，有桥墩8个，桥孔7个，石梁宽5米。中间浮桥长97.3米，由18只木船连接而成。广济桥集梁桥、浮桥、拱桥于一体，被桥梁专家茅以升誉为"世界上最早的启闭式桥梁"。

广济桥为浮梁结合结构，由东西两段石梁桥和中间一段浮桥组合而成，梁桥由桥墩、石梁和桥亭三部分组成。桥墩用韩山的大青麻条石砌成，大小不一，石条叠合很有规律，石与石之间没有勾灰，全部卯榫。桥墩先后损坏，因为修复时期不同，又没有按照原来的规格修复，所以桥墩的高度不同，形态各异。广济桥的桥墩有两种造型，一种是六边形的船型墩，一种是五边形的半船型墩。所有的桥墩上游都做成尖形，有效地分解径流的冲击力。桥亭都建在桥墩上，全部为中国传统建筑风格，形态多种多样，空间大小不一。殿式阁为东西向，横跨桥面，一阁独占一墩，屋顶以歇山、硬山和悬山等形式为主，规矩平稳威严，有如大殿，故称殿式阁。杂式亭台二亭合占一墩，分立大桥中轴线南北两侧。亭台多依地势而立，各具形态，屋顶为杂式攒尖，形式多样，有圆形、三角形、四角形、扇面等等。桥亭基本以一殿配二亭的形式，以大桥中轴线为轴纵向排列。

大桥装饰以简朴为主，重在吉祥寓意。雕刻内容都是传统吉祥图案，卷草纹、如意纹、祥云、莲花，梅兰菊竹等等。石雕装饰主要在梁桥栏杆望柱处，柱头雕成花瓶状，寓意平安吉祥。木雕装饰集中在桥亭的木构屋顶和门窗上，梁架、柱头、藻井、檐角、雀替、烘托，屋檐下的匾额、门窗的槅扇都是木雕装饰的主要部位。雕刻的工艺有圆雕、通雕、浅浮雕、深浮雕和线刻等多种。

广济桥（图7-7）上殿式阁匾分布在大桥中轴线上，黑底金字；亭台匾，黛字黑底。匾悬挂在亭阁的正面正中，楹联直接刻在白色花岗石柱上。广济桥上原来还有两头铁牛，分立东西梁桥矶头墩。但东面一只早已被洪水冲走，下落不明，现在就剩一只独立于西桥第八墩。广济桥铁牛是广济桥的重要组成部分，韩江水患频繁，大桥屡屡受损，人们期望通过铁牛镇水减少水患。

图7-7
广东省潮州市广济桥

链接：仙佛造桥

元和十四年（公元819年），韩愈被贬到海边小城潮州当刺史。写下了《左迁至蓝关示侄孙湘》："一封朝奏九重天，夕贬潮州路八千。欲为圣明除弊事，肯将衰朽惜残年。云横秦岭家何在？雪拥蓝关马不前。知汝远来应有意，好收吾骨瘴江边。"年已半百的韩愈心灰意冷由此诗可见一斑。但来潮州后，韩愈放下个人得失，大刀阔斧连续为百姓做了四件好事，其中之一就是兴修水利。传说，为了沟通两岸，他请来侄孙韩湘子等八仙与潮州的广济和尚分东西斗法造桥。由于中途法力失效，致中间一段未能连接，只能由广济和尚用禅杖和八仙中的何仙姑用莲花变成巨缆和18只梭船连接起来，因此这座桥被称作"湘子桥"和"广济桥"。而在他们法力失效的地方，羊变成了"乌洋山"（浮洋镇），猪变成了"猪山"（磷溪镇）。

2. 龙脑桥

在四川泸县腹地，有一座横跨九曲河600余年的古桥——龙脑桥（图7-8）。全桥八个兽雕中四条祥龙位居其中，那生动玲珑的龙头尤显突兀，故冠名为"龙脑桥"。

图7-8

龙脑桥

从桥的类型分，龙脑桥属于普通的平板石梁桥。但是该桥一改以往梁板桥建筑单调枯乏的历史状况，用一组巨型精美吉祥兽雕加以装饰，使之一跃成为"中国第一梁板桥"。龙脑桥长50余米，宽仅1.9

米，以12个桥墩以及两端的桥台将桥分为13孔。在中部8个桥墩上分别雕有中国古代民间传说的龙、狮、象、麒麟四种吉祥走兽，个个体形硕大，形象比例匀称，造型生动别致，体态生动自然。走兽翘首于九曲溪上游，兽身连成桥面的中段，兽尾顺于溪水下游。

桥上8个石兽的雕刻继承和发展了秦汉及唐宋时期石刻工艺的传统。采用夸张与写实结合的圆雕技法，工艺精湛，技巧娴熟，雕工精巧，造型极为生动；浑厚刚毅，艺术品位极高，实为中国古代桥梁建筑中罕见之佳作。

四条巨龙雄踞中间的四个桥墩，龙头上生利角，颔下飘须，鼻孔高翘，五官眉髯，龙身鳞甲处处线条明快，清晰流畅，生动传神。龙口内还运用镂空雕刻技术雕出一颗"宝珠"，可滚动自如。风起时，龙鼻发出鸣响声，妙趣自在其中。

在巨龙左右的两个桥墩上，分别雕有雄狮与大象。大象体形敦厚，长鼻卷曲，长牙伸出上翘，神态自如。青狮口衔绶带，脚踩"绣球""玉圭"，笑容可掬。二兽自然端庄，安详宁静。狮子、大象外侧两个桥墩上各有一只麒麟，张口怒目，张牙舞爪，两只带有火焰纹的腿匍匐于桥墩之上，其脚如牛蹄，一只踏兵书，一只踏宝剑，英姿飒爽，气宇轩昂。遇河中水上涨时，水面淹没了桥板，只见这些吉祥物头的上半部露出水面。若水流湍急，恰似诸祥兽在河中逆流而上，砥砺前行之态，成为又一大特有的奇观。

雕工精湛的八只吉祥物，整齐排列，神态迥异，不怒而威，赋予古桥超凡的神韵，使其观赏性得到极大的提升。

3. 金莲桥

在无锡市有个锡惠公园，公园内有座兴修于宋代靖康年间的石桥——金莲桥。该桥为古代庭院桥梁中少有的佳作，以雕刻精美而闻名于世。

金莲桥全长仅10.7米，宽3.4米，整体造型自然古朴，小巧玲珑，匀称优美，结构稳固，通体布满精雕细刻。桥两侧各有一块华版石，上面承接石栏杆。两侧石栏杆全部为镂空雕刻，由造型典雅的莲花望柱与寻杖、荷叶净瓶式透空石栏板相间组成；在华版石的侧面也雕有宋代典型的缠枝牡丹和带有男女童子的精美图案，甚为典雅华美，并蕴含着吉祥富贵的美好寓意。

在桥的两头,石砌桥台石梁的两端分别雕有一个神鱼首,共计四个。在两座石砌桥墩的石梁两端,各雕有螭首,也是四个。桥栏两端各置有一块抱鼓石,上面也雕有一些纹饰。

该桥整体雕刻刀法细腻而精致,线条流畅柔美,雕饰华丽,使人倍感桥小艺精,见过金莲桥的人无不为之赞叹,所以这座桥被人们称为"中国桥梁装饰艺术中的上乘之作"。

7.3.2 地方风格

碧水丹山映杖藜,夕阳犹在小桥西。微吟不道惊溪鸟,飞入乱云深处啼。

《题画》(明 沈周)

何谓地方风格?

民族符号和地方风格往往具有交叉性。但同一个民族在不同地方又是有差别的,这种差别表现在民间习俗上。气候和季节、地形、生态和物产等,都是地方风格的最基本的因素。从这一点上说,地域的含义是地方风格。所谓地方风格,应该是具有与众不同的格调,即一个地区的艺术品所表现出来的相对稳定、内在、反映民族思想、审美等的内在特性。地方风格只能是那个地方所特有的格式。我国北方桥梁建筑往往采用厚重的墩台,结实的梁、拱,可以以"雄健"概括,与北方人性格相仿。南方桥梁常常是薄梁、柔拱、纤墩,以"挺秀"说之,与南方人秀气、灵敏、韧性的特征相合。薄墩、薄拱、多孔连续的石拱桥世上唯独中国才有,而中国则主要存在于江浙一带。鲁迅讲过:"有地方色彩的,倒容易成为世界的,即为别国所注意。"

1. 洛阳桥

洛阳桥是我国现存年代最早的跨海梁式大石桥,位于福建省泉州市东郊的洛阳江上,是世界桥梁筏形基础的开端。"洛阳"本该指河南洛阳,此桥为何取名洛阳桥呢?据有关资料记载,早在唐宋之前,泉州一带居住着越族人。到了唐朝初年,由于社会动荡不安,时有战争爆发,所以造成大量的中原人向南迁徙。迁到泉州及闽南一带的多数为河南、河水和洛水一带的人。这些中原人带来了中原先进、发达的农业技术和经验,引导当地人们开垦、发展农业。他们看到泉州这里的山川地势很像古都洛阳，就把这个地方也称为洛阳，此桥因此而命名。

洛阳桥的建造，是对世界桥梁科学的一大贡献。由于当时洛阳江潮狂水急，桥基层被摧毁。造桥工匠创造了一种直到近代才被人们认识的新型桥基——筏形基础，成功地采用"筏形基础"和"种砺固基法"解决了建造大型石桥的基础工程问题，在全世界史无前例。因为泉州最早在这里建设了如此宏伟的洛阳桥，积累了古代建造梁式石桥的成功经验，所以泉州桥梁建筑空前兴盛。著名的安平桥、石笋桥、顺济桥、盘光桥等都是仿造洛阳桥而建造起来的，因而得到了"泉州桥梁甲闽中"的美誉。洛阳桥成了中国造桥史上的一座丰碑，成为人们千古传颂的佳话。文人墨客也写了大量诗文，加以赞美，历久不衰。

2. 泰顺廊桥

泰顺廊桥是一种有屋檐的桥，能够遮阳避雨，同时兼有供人休憩，交流，聚会，看风景等用途；还有一些廊桥有供人暂居的房间。这样的桥梁建筑风格和泰顺的地理环境有很大关系。

泰顺是浙江省南部一个山区县，素有"九山半水半分田"之称。境内山高路远，群峰叠翠，千米以上的山峰就有179座，平均海拔490余米。历史上，许多名人贤士为避祸乱，陆续迁移到泰顺这个群峦起伏、人迹罕至的"世外桃源"。而这里村落较为分散，交通偏僻闭塞，人们外出行走十几里都难以见到人烟。按照泰顺先祖们的交通构想，在相隔一定里程的大路（石砌路）边上，要建上一座供人歇脚的风雨亭。而桥上建造屋檐，不但可以保护木材建造的桥梁免受日照雨淋的侵袭，而且起到风雨亭的作用，于是"廊桥"广泛出现，创造了具有山区田园特色的地方文明，留下了无比珍贵的历史文化遗产。

泰顺有"中国古桥之乡"的雅称，又因其现存最多的廊桥，又被称作"廊桥王国"。据《泰顺县交通志》记载，到1987年底，全县现存桥累计958座，包括木拱廊桥、木平廊桥和石拱廊桥在内的明清廊桥30多座，其中在世界桥梁史上占有重要地位的木拱廊桥6座，即泗溪姐妹桥、三魁薛宅桥、仙居桥、筱村文兴桥、三条桥。20世纪70年代，著名的桥梁专家茅以升先生组织科学家对浙南叠梁木拱桥进行实地考察与比较研究,确定大量留存于浙南山区的叠梁木拱桥,就是北宋时期盛行于中原的虹桥结构。茅以升主编的《中国古桥技术史》一书就记载了泰顺木拱桥4座。泰顺廊桥闻名于世,因以其巧妙优美的结构造型,再现了《清明上河图》的虹桥形象,故名虹桥,被誉为"中国瑰宝"。几百年来,泰顺人还把木拱廊桥一直称作"蜈蚣桥"。

2012年泰顺龟湖廊桥正式建成,成了当时世界上最长及最年轻的全国单孔跨度最大廊桥。龟湖廊桥的建设完全采用传统的木拱桥营造技艺,单孔跨度达到40.3米,其中最大的一根木料重量在6000斤,最小的也有500斤,由当地村民集资800多万元建成。

廊桥中,文兴桥大概是最独特的一座。左高右低,斜肩般的不对称形态使它成为木拱廊桥的唯一。去泰顺看廊桥,有一半原因是为它。而它在2016年的一场台风中倒塌。复建后的文兴桥,新旧构件组合使用,新的精致,旧的古朴。面对清风、竹林、古道,古桥仿佛还是那座古桥,而身上的新旧斑驳又让它多了一点故事。

3. 永安桥

沈阳永安桥是1641年秋修筑建成的一座古石桥。该桥的最大特点是以龙头和龙尾装饰桥身,还有很多其他精美的雕塑遍布桥的各处,就连桥下的孔洞旁都雕有花纹。可谓少有的融建筑价值、艺术价值、历史价值于一身的桥。

该桥的最特别之处是在桥身两侧嵌有两条石雕龙,龙头朝南,龙尾对北,离远看去,似二龙驮桥,尤其在水位高涨与龙体持平时,如龙入水,更加生动,别具匠心。以龙为饰物通常是皇家所专属。永安桥之所以如此大胆以二龙附身点缀,也是借了皇帝之名——该桥自康熙帝起,历次清帝东巡祭祖都要在此经过,其中包括4位皇帝的10次东巡。

桥头两端各有一对雕刻精美的雌雄大石狮,每对石狮隔桥相望,镇守桥头。全桥端柱都外置抱鼓石,且在抱鼓石上雕有蝴蝶、花卉、麒麟、犀牛、鹿、虎、羊等多种吉祥图案。抱鼓石前还加上一组小动物,雕得形态各异,灵动逼真,憨态可掬,大大增加了人们的观赏乐趣。

全桥共有望柱38根,桥两端第一根柱端上雕有石狮子,其他皆为荷叶形柱头。望柱间栏板上,中部贯穿有柿蒂孔,下部通常为卷云纹。古语有云:"木中根固,柿为最。"建筑图案选用柿蒂纹,寓意建筑物的坚固、结实。

在永安桥东头的北侧立有石碑一块。

永安石桥建筑结构坚固，造型朴实壮观，装饰丰富精细，尤以二龙横贯桥身为特别之处，充分体现了中国古代桥梁的建筑装饰风格。

4. 亚历山大三世桥

在法国塞纳河上有大小桥梁36座，其中亚历山大三世桥（Pont Aleyandre Ⅲ）凭借其金箔装饰的精美雕塑而尤显高贵华丽，最负盛名。

亚历山大三世桥秉持了古罗马、古希腊建筑追求的宏伟、对称、有秩序的理念，又在桥上加入具有新艺术派风格的、华丽精美的雕塑与装饰，可谓极尽奢华而又搭配和谐，一举使该桥成为巴黎最优雅的桥梁，更有人称之为"世界最美的大桥"。

远远望去，桥的两端伫立的四个巨大的桥塔尤为醒目，每一个桥塔上部都铸有一座镀铜骑士模样的女神雕像，伴有飞马，振翼欲扬，流光溢彩，栩栩如生。无论是在埃菲尔铁塔上还是在塞纳河的游船上都可以清楚地看到，即使阴雨天也隐约有金光显现。走近桥头，只见一座孩子与狮子的雕像出现在面前。你看那雄狮，在小孩子的带领下，表现出一副桀骜不驯的样子。强悍与柔弱，躁动与安静，被表现得十分逼真和生动。

来到桥塔前，在每个桥塔的基座上还各有一座代表着不同时期法国的雕像。每个桥塔的四壁上还有一尊象征塞纳河和涅瓦河传说的浮雕像。走上亚历山大三世桥，各种华美的装饰无处不在，美不胜收。首先看桥的灯饰：桥面两侧共立有灯架32座，无论远看、近看、日看、夜看都是那么古典雅致。其中桥两端的第一个灯架，不但上面的灯盏数量增多，而且在下面四周还环绕着一组活泼可爱的小天使雕塑。这样的点缀，多了几分活泼，更显其多姿多彩。环顾桥身，很多细微之处都有精心设计的点缀饰物。在桥的中心处有两个水中仙女浮雕，上游浮雕是代表法兰西的塞纳河仙女和巴黎城徽，背对着的下游浮雕是代表俄罗斯的涅瓦河仙女和圣彼得堡城徽，两者寓意纪念俄法同盟。四座精灵与鱼和贝壳的雕塑，生动活泼，十分可爱。从艺术的角度来说，亚历山大三世桥已具备极高的观赏价值，可谓是一个雕塑的博物馆，一个世界级的建筑艺术珍品。

7.3.3 时代记忆

> 若耶北与镜湖通，缥缈飞桥跨半空。陵谷双迁谁复识？我来徒倚暮烟中。
>
> 《五云桥》（南宋 陆游）

时代是什么？是时光的流转，是岁月的更替。一个世纪以连续的十年为阶段，每个十年被称为一个时代，也叫年代，首年为年代之首。"事随年代远，名与图籍留"。每个时代都有自己的记忆符号，与人们的生活密切相关，与社会的变化紧密相连，在人们的记忆中挥之不去。

1. 南京长江大桥

南京长江大桥当年以"世界最长的公铁两用桥"被收入"吉尼斯世界纪录"，有"争气桥"之称。因为从 1908 年宁沪铁路通车，以及 1912 年津浦铁路的全线贯通开始，这两条铁路只能隔江相望，江北浦口与江南下关之间仍旧需要轮渡运输。1930 年，当时的国民政府铁道部曾用 10 万美元重金，聘请外国桥梁专家约翰·华特尔对下关、浦口间的桥梁建造进行考察论证，最后却得出"水深流急，不宜建桥"的结论。国民政府铁道部下关浦口铁路轮渡设计专门委员会无奈之下，决定采用"活动引桥"让火车乘轮渡过江。1949—1958 年，浦口和下关码头之间的轮渡日益繁忙，已提高到每日 100 渡左右，仍旧不能满足运输需求，而轮渡的过载能力也趋近饱和，长江天堑成为困扰京沪铁路运输的严重瓶颈。为此，国务院提出修建南京长江大桥的计划，并克服重重困难，在 1968 年 9 月 30 日和 12 月 29 日，实现了南京长江大桥铁路桥通车和公路桥通车。

南京长江大桥是长江上第一座由中国自行设计和建造的双层式铁路、公路两用桥梁，在中国桥梁史乃至世界桥梁史上具有重要意义，是 20 世纪 60 年代中国经济建设的重要成就、中国桥梁建设的重要里程碑，具有极大的经济意义、政治意义和战略意义。它采用富有中国特色的双孔双曲拱桥形式。公路正桥两边的栏杆上嵌着 200 幅铸铁浮雕，人行道旁还有 150 对白玉兰花形的路灯，南北两端各有两座高 70 米的桥头堡，堡内有电梯可通铁路桥、公路桥及桥头堡上的瞭望台。堡前还各有一座高 10 余米的工农兵雕塑。南堡下是一个风景秀丽的公园。

整座大桥如彩虹凌空江上,十分壮观。尤其是晚上,桥栏杆上的1048盏泛光灯齐放,桥墩上的540盏金属卤素灯把江面照得如同白昼,公路桥上的150对玉兰花灯齐明,加上桥头堡和大型雕塑上的228盏钠灯,使大桥像一串夜明珠横跨江上。

2. 鸭绿江大桥

提起鸭绿江大桥,就会想到20世纪50年代那段抗美援朝、战火纷飞的岁月。年轻的共和国不畏强敌,激发了坚不可摧的意志和能量,打出了军威和国威。

鸭绿江大桥是连接中华人民共和国和朝鲜民主主义人民共和国的桥梁。因横跨中朝界河鸭绿江,故名鸭绿江大桥。细细数来,连接中国与朝鲜的鸭绿江大桥有五座,分别为长惠大桥、临江鸭绿江大桥、集安鸭绿江大桥、丹东鸭绿江断桥、丹东鸭绿江大桥。而其中让人永远不能忘怀的是临江鸭绿江大桥、集安鸭绿江大桥和丹东鸭绿江大桥。

临江鸭绿江大桥位于吉林省临江市区内,始建于1935年,横跨中朝两国国境。它历经抗美援朝战火的洗礼,现在依然能清晰地看到桥梁铁架上众多的弹痕和残留的弹孔。1950年10月19日,35万志愿军战士就是从这座桥上雄赳赳、气昂昂,跨过鸭绿江的。

集安鸭绿江大桥位于吉林省集安市区内东15公里。大桥长589.23米、宽5米、高16米,共20个桥孔。以第11桥墩中心接轨线为界,作为中朝两方各自维修的分界线,其中中方324.23米,朝方265米。1950年10月11日,中国人民志愿军一部从这座大桥率先秘密入朝。随后,1军、16军等42万志愿军战士从这里进入朝鲜浴血奋战,为抗美援朝的伟大胜利作出了重大贡献。

丹东鸭绿江断桥(图7-9)位于辽宁省丹东市振兴区。大桥其实有两座,就是断桥,以及现在使用的大桥,两桥相隔不足百米。鸭绿江断桥于1909年5月动工,1911年10月竣工。其最初是铁路桥,十二孔,长944.2米,宽11米。从中方数第四孔为开闭梁,可旋转90度,便于往来船只航行。1950年11月—1951年2月,因美国飞机多次轰炸,桥被毁损成为废桥,只剩下半截,朝鲜一侧则只剩下光秃秃的几个桥墩。断桥之名由此而来。1993年该桥被修复开发成战争遗迹型旅游景点,被命名为"鸭绿江断桥"。桥头上方曲弦式钢梁正中悬挂的铜巨匾上就印刻着这五个金色大字,为迟浩田题写。桥身漆为浅蓝色。桥上现有原桥旋转及炸断处观赏台各一处,炮楼一个,桥史话展板30块。断桥上的成千上万处弹痕,至今依然可见,成为抗美援朝的见证。第二座桥始建于1937年4月,1943年启用,位于第一座桥上游不足百米。桥全长946.2米,其中中方桥长569.9米。桥上行铁路,下行公路。当时还在公路桥面铺设了木板。抗美援朝期间,两座鸭绿江大桥成为中国支援朝鲜前线的交通大动脉。

图 7-9

丹东鸭绿江断桥

3. 嫩江大桥

嫩江,蒙语为"诺尼木伦",意为清碧之水。淙淙流淌的嫩江水冲击着中游西岸十几户蒙古族居民居住的小渔村。河岸边崖上的树根、草根等在年复一年的河水冲刷中,慢慢地就变成了黑色,被称为"哈拉尔戈",蒙语意思为"黑色江岸"。1920年在"哈拉尔戈"屯北嫩江上,修建起一座沟通南北的木桥。1926年洮昂铁路建成通车,在"哈拉尔戈"建了火车站,并命名为江桥车站。从此"江桥"代替了"哈拉尔戈"。

江桥阻击战所指的江桥,就是这座建在"黑色江岸"的嫩江大桥。80多年前,马占山将军率领爱国官兵进行了一次有组织、大规模的抗战救国战役,第一次给气势汹汹、不可一世的日本侵略者以沉重打击,揭开了东北14年抗日战争的序幕,在黑龙江抗战史、中华民族抗战史乃至世界反法西斯战争史上都留下浓重的一笔。

4. 畹町桥

畹町位于云南德宏南部，隔河与缅甸相邻。"畹町"系傣语音译，意为"太阳当顶"，所以很多人喜欢把畹町叫作"太阳当顶的地方"。畹町是全国最小的边境城市，本地人口仅1万多人，是云南的三个边境开放城市之一。从这里可前往缅甸边城南坎、九谷、木姐和腊戌。

畹町桥位于畹町市区一侧，是中缅两国交界河上的界桥，也是中缅两国人民通商互市、经贸文化交流的重要通道。七七事变后，抗日战争全面爆发，中华民族处于危亡之际。当时，我国与国际联系的陆海通道绝大多数被日军封锁，为打通国际交通线，滇西20万民众日夜奋战，历经九个月，于1938年8月修筑起被称为"道路史上的奇迹"的滇缅公路，畹町单孔石拱桥亦同期建成，这是当时抗战时期西南边陲与内地连接的唯一的交通枢纽。从1938年12月至1942年5月共同向国内输送了45万多吨抗战物资，有力地支持了国内抗战，打破了日军"三个月灭亡中国"的梦想，因而名震一时。1941年12月，日军发动太平洋战争并集结重兵进攻缅甸，欲切断中国唯一的国际通道——滇缅公路。为保滇缅公路畅通，中国派出10万远征军踏过畹町桥入缅协同作战，1942年5月，日寇铁蹄踏过畹町桥，滇西大片国土随之沦陷。1945年1月20日，中国军队将日军赶出畹町，石拱桥亦毁于战火。同月，重建贝雷式钢架桥。1950年4月，中国人民解放军将五星红旗插上畹町桥头，宣告云南全境解放。畹町桥从此成为联系中缅情谊的纽带。1956年12月15日，敬爱的周恩来总理、贺龙副总理与缅甸的吴巴瑞总理从该桥步行入境，赴芒市参加中缅边民联欢大会，掀开了两国世代友好的新篇章。

近几年，为了两国边贸发展需要，畹町桥已经修成更宽更牢固的钢筋水泥桥。桥的两头分别驻有两国的海关、边防检查站等单位。每天都有成百上千的两国商人、边民在这里进出，呈现出一派和平安宁的祥和景象。2019年10月，畹町桥入选第八批全国重点文物保护单位名单。

5. 艺术桥

艺术桥也称情人桥（图7-10），坐落在巴黎塞纳河上。该桥桥栏的造型本来很简单，但不知从何时开始，到来的情侣会将一把锁锁定在桥栏之上，然后将钥匙扔进河里，以此表示对爱情的忠贞不渝。

久而久之,爱情之锁挂满桥栏,形成一种特有的艺术形式,成为一道独特的风景线。

图 7-10
艺术桥

情侣二人一把锁锁完,了却心愿释然走之。但对于桥栏来说,日复一日,年复一年,在斗转星移中却要长期坚持承载。重负之下,有一天某一段桥栏不幸倒塌。

7.3.4 历史情结

凌波不过横塘路,但目送、芳尘去。锦瑟华年谁与度?月桥花院,琐窗朱户,只有春知处。

飞云冉冉蘅皋暮,彩笔新题断肠句。若问闲情都几许?一川烟草,满城风絮,梅子黄时雨。

《青玉案》(宋)贺铸

这里所说的历史情结,不能归为严格意义上的科学界定,更应该理解为所涉及的事件以及由事件带来的跨越时空的影响,并由此而产生强烈而有意识地对事件本身的关照或留下的深刻印记。

1. 卢沟桥

在永定河,有一个地方绝对不能错过。它是一处承载着永定河畔千年悲欢的古老渡口,又是一座造型和设计精美的古桥,更是一处见证过血与火的民族记忆的所在。这座古桥就是卢沟桥(图 7-11),是中国四大古桥之一。

图 7-11
北京卢沟桥

卢沟古渡是永定河上最大的渡口，在历史上，也是进出北京的咽喉要道。早在商周时期，卢沟渡口便已形成，成为连接蓟城的车马古道。在金中都建成之前，永定河古渡口便建有浮桥或者木桥，连接着华北平原和北京小平原。今天我们所看到的卢沟桥，已经有了800多年的历史，历经了多次重建。它的建成，使太行山东麓的南北大道通行无阻，深刻影响着北京这座城市的发展与繁荣。

卢沟桥为联拱石桥，是华北地区最长的古石桥，桥长200余米。这样一段古石桥，却蕴含着风云跌宕的兴衰历史。元朝时，马可·波罗来到中国，据说游历了17年，其间走过中国很多地方。他的游记里表述了对卢沟桥情有独钟，称之为"世界上最好的、独一无二的桥"。

从桥梁工程技术方面讲，卢沟桥具有很高的水准，而更让它赢得极高赞誉的重要因素在于其精美的装饰，其中最为突出有名的装饰元素是"卢沟桥的狮子"。以狮子来装饰桥梁或其他一些建筑物，这在中国来说非常之普遍，但卢沟桥的狮子不但数量空前，而且形态多样、表情丰富，造型别致，为其他桥的装饰狮子所无法比拟。说卢沟桥的狮子多，多到什么程度，用北京老话的说法就是"卢沟桥的狮子——数不清"。

卢沟桥石狮独有的形态多样、生动，绝对是其一大特点。有潜心观察者根据自己的理解为一些形态各异的石狮搭配了简短的解说词：手握绣球，表情呆萌；幼子伏背，尽享天伦；何罪之有，咧嘴认错等等。

说卢沟桥的狮子美，美到什么程度，让我们看一段著名建筑学家罗哲文先生在《名闻中外的卢沟桥》一文中对这些狮子生动描绘："……有的昂首挺胸，仰望云天；有的双目凝神，注视桥面；有的侧身转首，两两相对，好像在交谈；有的在抚育狮儿，好像在轻轻呼唤；桥南边东部有一只石狮，高竖起一只耳朵，好似在倾听着桥下潺潺的流水声和过往行人的说话……真是千姿百态，神情活现。"相形之下，传统的石狮之单调、呆板、缺乏灵气，让人不敢恭维。所以说到卢沟桥的狮子，就有了"雕工精巧""神态各异""千姿百态""栩栩如生""憨态可掬""誉满中外""世界奇观"等赞美之词，极尽夸赞，不胜枚举。

卢沟桥桥面两侧设置石栏，北侧栏板间有望柱140根，南侧栏板间望柱有141根。每一个望柱的柱头都刻有莲座，座下为荷叶墩，柱顶则为众多雕刻的石狮，或独具一格，或一大一小，甚至一大两小。在281根望柱上共有大石狮子281个，小石狮子211个。在桥两端放置抱鼓石的位置，分别用一个胖墩墩的大石狮来替代。像这种造型的狮子古今中外实属罕见。

卢沟桥除有五百余只灵动的狮子装点外，在桥两畔还各有华表、御碑亭、碑刻等配饰。可见卢沟桥在建造之时用心之切，用力之深。时至今日，人们仍为这座古桥高超的建造技艺和精美的造型与雕刻所吸引，仍对历史与文化充满着敬畏。卢沟桥畔宛平城，中国人民抗日战争的遗迹处处存在，每一尊石狮、每一块石板，都让人不免驻足凝望，抚今追昔。

回味卢沟桥的美，不仅美在桥本身，更美于以水和桥为载体的自然景观。"卢沟晓月"就是著名的燕京八景之一。清朝乾隆皇帝曾在此赋诗"半钩留照三秋淡，一蝀分波夹镜明"，并题字"卢沟晓月"，立碑于桥头。从"卢沟晓月"的唯美浪漫，到七七事变的历史铭记，卢沟桥在每一个中国人的心里都是一抹挥之不去的情结。它更像是一位见证者，铭记着历史，承载着文化，看草木枯荣、生态变迁。

2. 泸定桥

泸定桥又称为铁索桥（图7-12），是中国古代桥梁建筑的杰作。泸定桥位于中国四川省西部的大渡河上。相传康熙帝统一中国后，为了加强川藏地区的文化经济交流而御批修建此桥，并在桥头立御牌。

泸定桥两岸的桥头古堡为汉族木结构古建筑，为中国独有。该桥始建于清康熙四十四年（公元1705年），建成于康熙四十五年（公元1706年）。康熙御笔题写"泸定桥"，并立御碑于桥头。桥长103米，宽3米，13根铁链固定在两岸桥台落井里，9根作底链，4根分两侧作扶手，共有12164个铁环相扣，全桥铁件重40余吨。两岸桥头堡为木结构古建筑，风貌独特系国内独有。自清以来，此桥为四川入藏的重要通道和军事要津。1935年5月29日，中国工农红军长征途经这里。以22位勇士为先导的突击队，冒着敌人的枪林弹雨，在铁索桥上匍匐前进，一举消灭桥头守卫。1935年，中国工农红军在长征途中"飞夺泸定桥"，使之成为中国共产党重要的历史纪念地。1961年，泸定桥被中华人民共和国国务院公布为第一批全国重点文物保护单位。

图7-12

四川泸定桥

3. 滑铁卢桥

如果提起滑铁卢桥（Waterloo Bridge）（图7-13），很多人可能不太了解。但是，提起电影《魂断蓝桥》里的那座桥，相信大家会恍然大悟。事实上，在此片上映之前，滑铁卢桥便已闻名于世，著名的法国画家莫奈与安德烈·德朗便对其情有独钟。两人曾多次到伦敦，并创作出了多幅反映滑铁卢桥的作品。

滑铁卢桥是英国伦敦一座跨越泰晤士河的桥梁，介于黑衣修士桥

（Blackfriars Bridge）和亨格福德桥（Hungerford Bridge）之间。滑铁卢桥得名于1815年英国取得胜利的滑铁卢战役。滑铁卢桥始建于1817年，是一座九孔石桥。当其建成通车时，正值英国的威灵顿公爵在滑铁卢战役中大胜拿破仑两周年，该桥便由此得名滑铁卢。

图7-13

英国滑铁卢桥

20世纪40年代，滑铁卢桥开始进行重建。由于当时二战战事正酣，男丁稀缺，因此，粗重的建筑工作也就不得不交给英国妇女去完成，所以它有时又被称为女士桥。在德国法西斯的狂轰滥炸中，新桥终于在1942年建成，不过正式通车一直拖到了1945年。

新的大桥是二战期间唯一被德国轰炸机损坏的泰晤士河桥梁。新的滑铁卢桥为钢筋混凝土结构，远远望去，外形简单却不失典雅。该桥长近400米，宽约25米。桥下五孔有如五道彩虹首尾相连，横跨泰晤士河南北两侧。由于此处位于伦敦闹市区中心地带，而泰晤士河恰好又在此转了一个近乎90度的大弯。因此，若观赏其两岸的绮丽风光，可以说是视角最佳、景致最好的地方了。1981年，滑铁卢桥被列为二级登录建筑加以保护。

第8章
现实与梦幻——桥梁诗词

中国是诗的国度,桥的家乡。说起桥,它的多,它的古老,它的文化,举世瞩目。它在人们心里是智慧的,是人类跨越山川河流的智慧杰作;是科学的,很多名桥,如古代的赵州桥、卢沟桥、洛阳桥等,都是现代建筑科学值得研究的瑰宝;是心灵的,人们喜欢将桥梁比作沟通的纽带,搭建人与人感情的"心桥";它又是文化的,和历史相携,和民俗相连,和诗词相交,有着熠熠生辉的文化光芒。

一直以来,桥以诗为媒,诗借桥抒怀,桥与诗的世界各具风采又相得益彰,让人为之赞叹不已。

8.1 穿越时空活在诗词里的桥

作为路的一部分,桥的建成和使用和人们的生活紧密联系在一起。在人们眼里,桥是实实在在的纽带,更是智慧的结晶,其中蕴含着文化的滋养和色彩。这样的桥,不论在现实中,还是在思想里,都寄托着丰富的情感,深藏着很多说不完的故事。

鹊桥仙·纤云弄巧

(宋)秦观

纤云弄巧,飞星传恨,银汉迢迢暗度。

金风玉露一相逢,便胜却人间无数。

柔情似水,佳期如梦,忍顾鹊桥归路。

两情若是久长时,又岂在朝朝暮暮。

这是架在银河上的美丽鹊桥。鹊桥，又名乌鹊桥。传说天界上的鸟神，被牛郎织女的真挚情感所感动，派来各地喜鹊在每年农历七月七日，即七夕这一天，在银河上用身体紧贴在一起架起鹊桥，让被银河隔开的牛郎和织女在桥上相会。这座由各地飞过来的喜鹊搭成的鹊桥，由此闻名。鹊桥一词便引申为能够连结男女之间良缘的各种事物。权德舆《七夕》诗云："今日云骈渡鹊桥，应非脉脉与迢迢。"鹊桥将相思与相会的爱情，上演得无比伤感与美好。

焦山望松寥山
（唐）李白
石壁望松寥，宛然在碧霄。
安得五彩虹，驾天作长桥。
仙人如爱我，举手来相招。

这是李白站在焦山陡峭的石壁上，遥望松寥山时想到的彩虹桥，极具浪漫色彩。这一想象和现实世界里的石拱桥密切相关。石拱桥是人类生活中不可缺少的桥，它的桥洞成弧形，就像虹。古代神话里说，雨后彩虹是"人间天上的桥"，通过彩虹就能上天。古代的诗人特别钟情把拱桥比作虹，说拱桥是"卧虹""飞虹"，把水上拱桥形容为"长虹卧波"。所以李白要将五彩虹化为凌空的长桥，以便直达浩瀚天宇。

说到这里，人间还真有彩虹桥，那就是婺源彩虹桥。它是中国历史上最悠久的廊桥，建于南宋（公元1137年）。桥长140米，桥面宽3米多，由6墩（水中4墩）5孔、6亭5廊构成长廊式人行桥。每墩上建一个亭，墩之间的跨度部分称为廊，因此，也叫廊亭桥。是古徽州最古老、最长的廊桥，是婺源标志性建筑之一，被众多媒体誉为中国最美的廊桥。彩虹桥的奇特之处在于其四个石桥墩。桥基四墩由青石叠砌，面向上游的一侧，采用半船型设计。这是为了分解洪水冲击力。桥墩之间的分隔距离，也根据洪水流速的不同而稍有差距。两桥墩间用木梁横联，上铺木板成桥面，椽瓦结顶为廊，两侧围于木栏，有交通和供人休憩的双重功能。彩虹桥的桥面部分是木质，面临自然腐化的问题。先辈们考虑到将来的维修，所以整座桥没有雕梁画栋，做工显得粗糙、不精细。因此，八百多年来历代都有维修，但只做到厚重、结实、耐用，充分体现了越简单实用的工艺，越容易传承与延续的哲学思想。彩虹桥头还有一座水车磨坊，那巨大的水车在阳光下静静地立在那里。过去的几百年，依稀看到人们排着长队，在磨坊里舂米、磨粉。这里，也许是全村或周围几个村最热闹的地方，人们来来往往，听着水车吱吱呀呀的叫唤。如今，这水车完成了它的使命，已成为后人走进历史的一个入口。现在彩虹桥已是文化与生态、动与静、休闲与娱乐相结合的一处风景，在婺源那方天地召唤着人们。

8.2 爱在诗词里的桥

掩映在山山水水、亭台楼阁、山村野径上的桥多了，桥的形式和色彩也逐渐丰富起来。不知是桥激发了人的想象，还是人丰富了桥的内涵，因桥的相遇与分别，因桥的欢喜与愁思，使桥的意象（客观物象经过创作主体独特的情感活动而创造出来的一种艺术形象，多用于艺术通象。根据《说文解字》来说，意象是意思的形象。出于更好地理解可以说是在大脑里的意思图像。意象通过抽象、通象等来产生更有深度的意象。意象是人类大脑意识活动的产物。）更加多元。其中爱情表达成了一个不可或缺的主题。这里特别要提的是西湖上的断桥、长桥、西泠桥，作为西湖的三大情人桥，演绎着天上人间一个个凄美的爱情故事。

1. 断桥

《忆旧游》

（宋）吴文英

送人犹未苦，苦送春、随人去天涯。片红都飞尽，正阴阴润绿，暗里啼鸦。赋情顿雪双鬓，飞梦逐尘沙。叹病渴凄凉，分香瘦减，两地看花。

西湖断桥路，想系马垂杨，依旧敧斜。葵麦迷烟处，问离巢孤燕，飞过谁家。故人为写深怨，空壁扫秋蛇。但醉上吴台，残阳草色归思赊。

这是诗人眼里的断桥（图8-1），西湖十景之一。坐落在白堤东端。有关名称的来历，据说是因起自平湖秋月的白堤到此中断，所以称为断桥。此桥宋代时叫宝桥。元代时因桥畔住着一对以酿酒为生的段姓夫妇，又被称为段家桥。明代时还有"短桥"之称，与西湖另外一座"长桥"遥相呼应。现在的断桥是1914年改建的，为一座单孔净跨 6.1 米石拱桥。桥东有"云水光中"水榭和"断桥残雪"碑亭。断桥残雪是西湖冬季的一处独特景观。断桥背靠宝石山，面向杭州城，处于外湖和北里湖的分水点上，视野特别开阔。每当雪后初晴，暖阳下，桥顶向南的积雪渐渐融化。如果这个时候站在宝石山上俯视整个断桥，就会发现桥的阳面冰消雪化，出现"雪残桥断"的画面；而桥的阴面依然皑皑白雪，又是"断桥不断"的景观，所以让人啧啧称奇。中国四大民间故事之一的《白蛇传》中部分场景就发生在断桥。

图 8-1

杭州西湖三大情人桥——断桥

2. 长桥

菩萨蛮·吴姬压酒浮红蚁

（宋）洪璘

吴姬压酒浮红蚁。少年未饮心先醉。驻马绿阳阴。酒楼三月春。相看成一笑。遗恨知多少。回首欲魂销。长桥连断桥。

这是诗人难以忘怀的长桥（图 8-2）。当年在西湖边上，这样的桥临水而立，蜿蜒而来，徜徉其中，美不胜收。长桥九曲十八盘，每逢春暖花开，长桥边上会有许多美丽的蝴蝶翩翩飞舞。徐行赏玩，须臾桥便到了尽头。可谓桥虽不长情意长，所以民间有长桥之称。

如今由万松岭往西湖边上走，寻觅梁祝十八相送的长桥，却只见沿湖短短的一截，其余成了马路的一部分。如果没有人指点，实在难以辨认。

图 8-2

杭州西湖三大情人桥——长桥

3. 西泠桥

《西泠桥》

(明)方九叙

西泠歌吹晚风微,十里烟波漾落晖。船过断桥分路去,鸟投孤屿背人飞。

隔林花气香浮棹,拍岸松阴翠湿衣。遥望郭门灯火处,酒家留客未扃扉。

这是诗人用心描画的西泠桥(图8-3)。站在浙江杭州西湖的西泠桥上,既可近看里湖,又可远观外湖;既在孤山之西,又可通往北山;白堤近在咫尺,苏堤隐约在望。山光水色,古迹韵事,令人怀想。

图 8-3

杭州西湖三大情人桥——西泠桥

西泠桥是一座古色古香的环洞石拱桥。坐落在西霞岭麓到孤山之间,又名西林桥。古时候,是一处风景如画的渡口,古人诗画中所谓的"西村唤渡处""船向西泠佳处寻"等诗句,说的都是这里。当时可能桥还没有造好。宋代郭祥正有《西村》诗道："远近皆僧刹，西村八九家。得鱼无卖处，沽酒入芦花。"足以证明这里只有村民数家，湖中也没有遍种荷花，而是满眼如雪的芦花。后来桥建成了，明代陈贽就有《西林桥》诗说："东风客每携壶过，落日人还唤渡无？最有春来狂可玩，桃花千树柳千株。"可见这时候的桥，还有些古色古香，简朴可爱。而且西泠桥上赏鉴风景，四时皆宜，春天桃红柳绿，夏天荷花映日，秋天漫山红叶，冬天瑞雪纷飞。在这里踏雪寻梅，都要从桥上循到孤山去，抑或从孤山下来，涉桥再到北山。这就是"青山断处忽逢桥"，而且这座桥还是孤山与栖霞山之间的一条纽带。许承祖在《西湖渔唱》咏《西泠桥》曰："花花草草绮罗新，雨雨风风箫鼓陈，一掬西泠桥下水，半含秋思半含春。"

8.3 美在诗词里的桥

有了桥的出现，就有了被阻隔的山地的连通、匆匆水流的跨越。同样，在诗词世界里，桥的意象已经升华。它不再是一座单纯的、虚浮的建筑，俨然成为诗人寄情抒怀的纽带，也是斩断相思疾苦的利器。从最早的《诗经》寻迹而来，关于桥的诗词便不断涌现，有名的桥、无名的桥，都因诗词而广泛流传。

桥给了诗人丰富的想象，诗词赋予桥诸多的表达。因此每当诗人把脚踏在桥上，就像打开一部五彩的乐谱，心中的韵律就会怦然响起。

8.3.1 美名天下的桥

1. 枫桥

枫桥夜泊

（唐）张继

月落乌啼霜满天，江枫渔火对愁眠。

姑苏城外寒山寺，夜半钟声到客船。

这是苏州的枫桥（图8-4）。枫桥是江苏苏州西郊的一座古桥，位于姑苏区，跨上塘河（古运河），为单孔石拱桥。枫桥以唐代诗人张继的七绝《枫桥夜泊》而闻名天下，现与寒山寺、铁铃关和枫桥古镇共同组成枫桥风景。

枫桥也叫封桥。据《大清一统志》记载，这里原来是水路交通要道，是往来船只停泊的码头。由于唐以前水匪倭寇经常进犯，故当时每到夜晚都要将桥封锁起来，以策安全，因而起名叫封桥，后讹称"枫桥"。唐诗人张继写有《枫桥夜泊》，遂为今名。《吴郡志》卷十七："枫桥，在阊门外九里道傍。自古有名，南北客经由，未有不憩此桥而题咏者。"唐代诗人张祜就曾以枫桥为题作诗一首："长洲苑外草萧萧，却算游程岁月遥。唯有别时今不忘，暮烟秋雨过枫桥。"

图 8-4

枫桥

枫桥始建于何时，有待考证。现在的桥于清乾隆三十五年重建，咸丰十年毁，同治六年又重建。桥长 39.6 米，宽 5.7 米，跨度 10 米。西坡踏步二十八级，东坡落于铁岭关内。额镌"重建枫桥"四字。桥南石柱上刻有"仁济堂安仁局董事经办"，"同治六年丁卯八月建"。

2. 朱雀桥

乌衣巷

（唐）刘禹锡

朱雀桥边野草花，乌衣巷口夕阳斜。

旧时王谢堂前燕，飞入寻常百姓家。

这是南京城的朱雀桥。朱雀桥之所以家喻户晓，源于唐代诗人刘禹锡怀古名篇《乌衣巷》。这首脍炙人口、千古传咏的名作产生后，乌衣巷和朱雀桥便闻名于世。朱雀桥位于南京市秦淮区中华门城内的武定桥和镇淮桥间，地处夫子庙秦淮风光带，是六朝建康秦淮河上二十四航（浮桥）中最大的一座，因面对六朝时期都城正南门朱雀门，所以被称作朱雀桥。

朱雀桥即朱雀桁，历史上又称大航、大桁、朱雀航，为东晋时建在内秦淮河上的一座浮桥，时为交通要道，是六朝时期分布在石头城至清溪之间秦淮河上二十四座浮航中最大、最重要的一座浮桥，其遗址在清代已难寻觅。其址附近乌衣巷有东晋名相王导、谢安的宅院。

3. 二十四桥

寄扬州韩绰判官
（唐）杜牧

青山隐隐水迢迢，秋尽江南草未凋。

二十四桥明月夜，玉人何处教吹箫？

这是江南水乡扬州的二十四桥。杜牧的《寄扬州韩绰判官》让二十四桥声名远播。但二十四桥有两说。

一说有二十四座桥。据沈括《梦溪笔谈·补笔谈》，唐时扬州城内水道纵横，有茶园桥、大明桥、九曲桥、下马桥、作坊桥、洗马桥、南桥、阿师桥、周家桥、小市桥、广济桥、新桥、开明桥、顾家桥、通泗桥、太平桥、利园桥、万岁桥、青园桥、参佐桥、山光桥等二十四座桥，后水道逐渐淤没。宋元祐时仅存小市、广济、开明、通泗、太平、万岁诸桥。现今仅有开明桥、通泗桥的地名，桥已不复存在。

一说桥名"二十四"，或称"二十四桥"。据李斗《扬州画舫录》录十五："二十四桥即吴家砖桥，一名红药桥，在熙春台后。"红药桥之名出自姜夔《扬州慢》："二十四桥仍在，波心荡，冷月无声。念桥边红药，年年知为谁生？"吴家砖桥在扬州西郊。武侠大家梁羽生就采用了这个说法，其作品《鸣镝风云录》中所写扬州竹西巷谷啸风家就在此桥附近。二十四桥为单孔拱桥，汉白玉栏杆，仿佛玉带飘逸，又如霓虹卧波。此桥长24米，宽2.4米，栏柱24根，台阶24层，似乎处处都与二十四相对应。但见洁白的栏板上是彩云追月的浮雕，而桥与水衔接处，又有巧云状湖石堆叠，四周遍植馥郁丹桂，让人随时看到云、水、花、月，时刻感悟"二十四桥明月夜"的意境。这样的桥与景，不禁让人对杜牧当年的风流佳话浮想联翩。

4. 双桥

秋登宣城谢朓北楼

（唐）李白

江城如画里，山晚望晴空。

两水夹明镜，双桥落彩虹。

人烟寒橘柚，秋色老梧桐。

谁念北楼上，临风怀谢公。

这是宣城迷人的双桥。因李白的名句"两水夹明镜，双桥落彩虹"而名扬四海。

双桥始建于隋代开皇年间，距今已有1400多年历史。李白于天宝十二年（753年）从梁园到宣城，逗留了两年，遍游名胜古迹，写下了不少诗作名篇，《秋登宣城谢朓北楼》是其中之一。谢朓楼也称作北楼，为南齐时宣城太守谢朓所建。李白在一个晴空的傍晚，登临北楼。只见宛溪、句溪这两条溪水清澈透亮，如同明镜，夹城而流；宛溪上的凤凰桥，句溪上的济川桥（隋文帝开皇年间建造的拱桥）如同两条美丽的彩虹横跨河上，在阳光的照射下，犹如图画一般。桥映水波，溪衬桥美，喷薄的诗情油然而生。于是"双桥"景色入诗，成为世人一睹为荣的美景。

8.3.2 难以忘怀的桥

1. 灞桥

少年游

（宋）柳永

参差烟树灞陵桥，风物尽前朝。

衰杨古柳，几经攀折，憔悴楚宫腰。

夕阳闲淡秋光老，离思满蘅皋。

一曲阳关，断肠声尽，独自凭兰桡。

柳永词中所言之桥是长安的灞陵桥，又称灞桥，唐时也称销魂桥。远行者与送别者常于此惜别，故称。五代王仁裕在《开元天宝遗事·销魂桥》指明："长安东灞陵有桥，来迎去送皆至此桥，为离别之地，故人呼之'销魂桥'也。"

灞桥，位于西安灞河之上，是中国最古老的桥梁之一。

灞桥几经千年风雨，几经水灾战乱损坏。历朝历代却不断维护、修建，使它存在千年，这早已超出它作为桥梁的价值。为什么人们乐此不疲地维护、重修灞桥？答案在于"灞桥风雪"是关中八景之一，人们早已把灞桥当作"销魂桥""断肠桥""折柳桥"，它寄托了人们的离别之意，伤感之情。历史上众多文人墨客留下有关灞桥的诗文。刘禹锡的"征徒出灞涘，回首伤如何"，道不尽离别之情；岑参的"相思灞陵月，只有梦偏劳"；李白的"年年柳色，灞陵伤别"，说不尽离别之意。灞桥经过千年变迁，早已物是人非，留下来的不仅仅是它的建筑，还有那千年流传的诗句。

灞桥

（唐）李商隐

山东今岁点行频，几处冤魂哭虏尘。

灞水桥边倚华表，平时二月有东巡。

隋唐灞桥建于隋开皇三年（583年），位于早期灞桥下游300米处，唐至宋代沿用，元废，是中国迄今发现时代最早、规模最大的多孔石拱桥。

明、清灞桥曾先后几次废毁，到清乾隆四十六年（公元1781年），陕西巡抚毕沅重建此桥，但桥已非过去规模。直到清道光十四年（公元1834年）巡抚杨公恢才按旧制又加以建造。

在中国还有两处灞陵桥。

河南许昌灞陵桥（图8-5），原名八里桥，在许昌市城西4公里的清泥河上，相传为三国名将关羽辞曹挑袍处，灞陵桥从此声名鹊起。原桥高于水面3米多，为三孔青石桥。桥面很宽，能并行两车，桥长90米。两岸杨柳成行，风景秀丽，桥旁有《汉关帝挑袍处》石碑，为明末将领左良玉所立。另一通碑为辞曹书，保存完好。清代康熙、雍正、乾隆年间，又竖了四通碑，文字清晰。碑文论述关羽对曹操辞其金而挑其袍的过程，歌颂他"依曹已久仍归汉，留得英风在颍州"；褒扬他"情深义重垂千秋，士民争拜汉云长"。清道光年间有怀古诗云："野水洄堤浸柳条，道边残碣记前朝。长髯勒马横刀处，万古英风八里桥。"

桥的始建年代已无从考证，据1991年对原桥遗址的挖掘清理，桥基为元代构件，上部为明、清建筑。原桥为青石灰砖结构，三孔，通长17米，高2.88米。桥上遗留构件有石雕栏板、戏水龙头、望桥、石狮、石猴等，都存放在关帝庙内。桥北为明末总兵左良玉泼墨手书"汉关帝挑袍处"的巨型石碑。这座桥见证过无数人的挥手相别，也见证了沧海桑田，物是人非。

图 8-5
许昌灞陵桥

另一处为甘肃渭源灞陵桥，因渭水绕灞陵（汉文帝陵墓）通长安而得名，又名卧桥，在渭源县城南门外渭河源头之一的清源河上，是一座气势恢宏的廊桥，也是全国唯一一座纯木质拱桥。紫红色的曲拱单孔桥，像一条彩虹横跨清源河上，为渭水第一桥。

中国著名的桥梁专家茅以升在他的《桥梁史话》中对灞陵桥的评价仅次于河北赵州安济桥，奠定了灞陵桥在桥梁史上的地位。由国家文物事业管理局主编、上海辞书出版社 1981 年 10 月出版的《中国名胜词典》中，对渭源县灞陵桥也有图文记载。

灞陵桥久负盛名，不仅因为它工艺精湛，造型美观，更是因为有不少名人为它题匾颂辞，考古和艺术欣赏价值非同一般。历代名人题匾颂辞有："灞陵桥""渭水长虹""大道之行""鸟鼠烟云足画图，灞陵飞雪饶诗思""灞陵贯古今""绾毂秦陇""兴梁利济""丝路名胜""渭水第一桥""南谷源长"等，如图 8-6 所示。

图 8-6
渭源灞陵桥部分历代名人题匾颂辞

第 8 章
现实与梦幻——桥梁诗词

桥以匾闻名，匾因桥显赫。随着岁月的变迁，伴着时光的流转，灞陵桥上的匾额已经成为历史的记载。那一块块匾额仿佛诉说着那段远去的历史，散发出一种穿越时间和空间的力量。留给世人的不仅仅是那几块匾额上的文字，更是一种精神的力量。一种"逢山开路，遇水架桥"的勇敢精神；一种"兴梁利济"的奉献精神；一种不畏艰难的奋斗精神；一种巧夺天工的艺术精神。虽然历经数百载，却像一坛陈年老酒，越陈越厚，越久越香。历史的车轮滚滚向前，但是我们坚定地相信灞陵桥匾额的故事必将代代流传。由于灞陵桥高超的建构艺术和科学价值，1981 年被甘肃省列为重点文物保护单位。2006 年，灞陵桥被国务院公布为国家重点文物保护单位。

让我们通过几句诗词来品味灞陵桥一年四季呈现的不同美韵。

春回：渭河绕红廊，柳絮如雪飞。

夏至：芳草倾城绿，树下鸟幽栖。

秋分：廊上洒秋色，尽带黄金甲。

冬凝：白雪镶朱栏，碎碎坠琼芳。

2. 沈园爱情桥

沈园二首·其一
（宋）陆游

城上斜阳画角哀，沈园非复旧池台，

伤心桥下春波绿，曾是惊鸿照影来。

绍兴沈园的那座爱情桥，记录着陆游与唐婉凄美的爱情故事。陆游与唐婉两人青梅竹马，互生情愫。陆家就以一支精美无比的家传凤钗作为信物，订下了这门亲上加亲的婚事。公元 1144 年，陆游、唐婉成婚，沉醉于两人天地。陆母希望儿子金榜题名、光耀门庭，于是斥骂唐婉，对唐婉大起反感，并认为她是扫把星，非逼迫陆游把她休了不可。后来，陆游另娶，唐婉再嫁，从此彻底断绝了他们之间的悠悠情思。

礼部会试失利，陆游回到家乡，发现物是人非，不禁黯然神伤。于是来到沈园散心，哪知竟然碰到前妻唐婉和夫君赵士程相偕游园。四目相对的一刹那，时光和目光瞬间凝固，眼中不知是情、是怨、是思、是怜，真是千般心事、万般情怀，不知从何说起。唐婉离去后，陆游在愁思与追忆中提笔在粉墙上题了一阕《钗头凤》。词云：

红酥手，黄縢酒，满城春色宫墙柳。东方恶，欢情薄。一怀愁绪，几年离索。错，错，错！

春如旧，人空瘦，泪痕红浥鲛绡透。桃花落，闲池阁。山盟虽在，锦书难托。莫，莫，莫！

第二年春天，唐婉再一次故地重游。目睹陆游题在墙上的词，心潮起伏，再难平静，于是她也和了一首《钗头凤》。词云：

世情薄，人情恶，雨送黄昏花易落。晓风干，泪痕残。欲笺心事，独语斜阑。难，难，难！

人成各，今非昨，病魂常似千秋索。角声寒，夜阑珊。怕人寻问，咽泪装欢。瞒，瞒，瞒！

题完此词不久，她就抑郁成疾，如一片落叶随萧瑟的秋风逝去，令后人为之唏嘘叹息！七十五岁的陆游再次来到沈园，此时唐婉已经离开人世四十多年，他情不自已写下了《沈园二首》悼亡诗。所以说，沈园的爱情桥，是一座不忍驻足的伤心桥，曾经的春波荡漾、美人惊鸿，已成为往事，散在风中，令人叹惋。

3. 午桥

临江仙·夜登小阁忆洛中旧游
（宋）陈与义

忆昔午桥桥上饮，坐中多是豪英。长沟流月去无声。杏花疏影里，吹笛到天明。

二十余年如一梦，此身虽在堪惊。闲登小阁看新晴。古今多少事，渔唱起三更。

这是洛阳的午桥。陈与义没有告诉人们"午桥"到底是什么样子，但这里却是唐代白居易、刘禹锡、裴度吟诗唱和、举杯相欢的地方。青年时期的陈与义仰慕前贤，追寻遗韵，在此与当时"豪英"一起宴饮聚会，把酒临风。而今二十余年，午桥仍在，过往岁月不再回来，思之念之，一切犹如梦里。

据查考，午桥，即定鼎门前的通仙桥。一桥五道，时人亦谓之"五桥"，史料又载"午桥"。洛阳八小景之"午桥碧草"便与此有关。《漫话隋唐东都城》曾书："东都城定鼎门外二里处有连通伊水和洛水的甘泉渠，隋时渠上架通仙桥五道，时人称之为五桥，桥南北有各高百余尺的华表，煞有气势。桥南有唐代祭天用的圜丘。"

8.3.3 成为历史见证历史的桥

1. 天津桥

洛中春感

（唐）白居易

莫悲金谷园中月，莫叹天津桥上春。

若学多情寻往事，人间何处不伤神。

这是洛阳的天津桥。天津桥始建于隋大业三年（公元607年），废于元代。隋唐时，天津桥横跨于穿城而过的洛河上，为连接洛河两岸的交通要道，正西是神都苑，苑东洛河北岸有上阳宫。最初，它是一座浮桥，整座大桥用大船连接，南北一字排开，犹如水中长龙衔接着南北两岸。船与船之间用铁链连接，桥面平整，桥身稳固。桥建成之后，桥上车辆往来，行人络绎不绝，一派热闹景象。桥正北是皇城（太微城）和宫城（紫微城），殿阁巍峨；桥南为里坊区，十分繁华。天津桥上有四角亭，桥头有酒楼。古人把洛水誉为"天汉"，即天河（银河），而洛阳就是天帝的居所"紫微宫"。天津即天河的渡口，故名"天津桥"。隋末天津桥被李密起义军焚毁。

唐朝建立后，不断加以改建。贞观十四年（公元640年），官府组织石工垒方石为脚，将浮桥改建成为石桥。天津桥洛河以南，地势平坦；洛河以北，地势突兀。所以人们过桥时，自北往南称为"下桥"，由南往北称为"上桥"。这一上一下，景致有了起伏变化，也给诗人们提供了思绪翻飞的空间。白居易歌咏天津桥的诗最多，他说"津桥东北斗亭西，到此令人诗思迷。"天津桥凌晨的景致最美，晓月挂在天空，两岸垂柳如烟，桥下波光粼粼，四周风光旖旎，城中不时传来寺庙钟声，遂使"天津晓月"成为"洛阳八大景"中最静谧的风景。

2. 蓝桥

南歌子·寓意

（宋）苏轼

雨暗初疑夜，风回便报晴。淡云斜照著山明，细草软沙溪路马蹄轻。

卯酒醒还困，仙村梦不成。蓝桥何处觅云英？只有多情流水伴人行。

这是人们心中别样的蓝桥。蓝桥位于蓝田、商洛之间，是交通要津。

坐落在陕西蓝田县东南50里处蓝溪之上，它同灞桥一样，是陕西乃至全国最古老的桥梁之一。唐以后蓝桥已废。明代羽士王天枝在原桥址题下"募铁为链，飞控为虹，行人便之。"之后，铁索蓝桥便毁于明末农民战争中，直到清康熙乙巳年（公元1665年）重修铁索蓝桥。此桥毁于何时，尚待考证。

蓝桥虽已荡然无存，但围绕蓝桥产生的优美传说和轶事，却千古不绝。庄子杂篇《盗跖》中，记载了这样一个故事：有一个叫尾生的人，与女友相约桥下，女子没有按时赶到。大水突然冲来，尾生为了守约，抱着柱子被水淹死。对于蓝桥，能抱柱而死的桥，可能是一座桩柱式的双跨以上的梁桥。蓝桥因尾生的故事而出名，后人称尾生为坚守信约的人。从此之后，人们把相爱的男女一方失约，而另一方殉情叫作"魂断蓝桥"。唐代许多文人学士，在经过蓝桥驿亭时常有诗作在这里"发表"，蓝桥驿亭成了诗人们友谊的桥梁和交流诗作的场所。

今蓝田县新建的蓝桥旁，在一块河石上，有一个古桥柱孔，痕迹清晰可辨。漫步在这古老的土地上，寻觅古蓝桥的遗迹，抚今追昔，不胜感慨。

3. 画桥

减字木兰花·春情
（宋）王安国

画桥流水，雨湿落红飞不起。月破黄昏，帘里馀香马上闻。

徘徊不语，今夜梦魂何处去。不似垂杨，犹解飞花入洞房。

这是诗人心中的画桥。画桥通常是指朱桥或赤阑桥，唐宋词中往往被写得很美，并同爱情搭上关系。如韦庄《菩萨蛮》云："骑马过斜桥，满楼红袖招。"晏几道《木兰花》云："紫骝认得旧游踪，嘶过画桥东畔路。"在这幅画面中，主人公骑着马儿，来到这样一个充满诗情画意的地方。马蹄声响，流水潺潺，人在桥上按辔徐行，但见雨水打湿的花瓣和渐渐升起的月亮，默然不语，无限感慨在心中激荡。

4. 垂虹桥

十二郎·垂虹桥
（宋）吴文英

素天际水，浪拍碎、冻云不凝。记晓叶题霜，秋灯吟雨，曾系长桥过艇。又是宾鸿重来后，猛赋得、归期才定。嗟绣鸭解言，香鲈堪钓，尚庐人境。

幽兴。争如共载，越娥妆镜。念倦客依前，貂裘茸帽，重向淞江照影。酹酒苍茫，倚歌平远，亭上玉虹腰冷。迎醉面，暮雪飞花，几点黛愁山暝。

这是留给后人很多遐想的垂虹桥。垂虹桥位于江苏吴江市松陵镇东门外，过去素有"江南第一长桥"的美誉，闻名遐迩。垂虹桥最早兴建的历史要追溯到千年前的北宋时期。北宋庆历八年（1048年）六月，新桥落成，取名利往桥，俗称长桥。最初，垂虹桥为石墩木桥。元代泰定二年（1325年），县令张显祖以木为石，用武康石垒砌，将其改建为62孔连拱石桥。当时垂虹桥三起三伏，环如半月，长若垂虹，横卧碧波；桥孔比一般的桥孔高，便于行舟，利于泄洪。桥身中央，建有桥亭一座，名垂虹亭。亭作平面正方形，九脊飞檐，前后有拱门二道，可通行人，别具一格。

垂虹桥的建成，消除了苏杭驿道的最后一个险要渡口，自此商贾云集，历史上百余位名人聚会吴江，留下了名诗佳画。宋代著名政治家、文学家王安石盛赞垂虹桥"颇夸九州物，壮丽此无敌"。婉约词派中具有重要地位的姜夔也留下一曲《过垂虹》："自作新词韵最娇，小红低唱我吹箫。曲终过尽松陵路，回首烟波十四桥。"描画江南的百媚千娇，垂虹桥的风情万种。米芾在元祐三年，在最著名的《蜀素贴》当中赋诗一首，"断云一叶洞庭帆，玉破鲈鱼金破柑，好作新诗寄桑苎，垂虹秋色满东南。"让垂虹桥得以成名。

垂虹桥历经明清两朝十多次修建，桥孔增至72孔，成为苏南第一长桥。论结构，其与现今宝带桥相似，然而桥身之长，孔数之多，修葺之频繁，在中外建桥史上罕见。正如当代桥梁设计大师茅以升所言："吴江垂虹桥与河北赵州桥、福建泉州洛阳桥，同为我国古代有名的桥梁"。

1949年初，垂虹桥已然成了一座危桥，却没有引起足够的重视。资料记载，1967年5月的一天，垂虹桥有4孔桥洞突然向东倒塌，随后产生连锁反应，又向东倒塌8孔。垂虹古桥的壮丽秀美，曾独步江南。可惜，这独步江南的景致一夜之间塌毁。1996年和2005年，人们先后修缮了西端和东端，两边分别留下10孔和7孔断桥，为千年垂虹桥保留了一点遗迹。

5. 圯桥

经下邳圯桥怀张子房
（唐）李白

子房未虎啸，破产不为家。
沧海得壮士，椎秦博浪沙。
报韩虽不成，天地皆振动。
潜匿游下邳，岂曰非智勇？
我来圯桥上，怀古钦英风。
唯见碧流水，曾无黄石公。
叹息此人去，萧条徐泗空。

这是大诗人李白心中割舍不下的圯桥。圯桥坐落在有着近五千年历史的文化名城下邳（今江苏省睢宁县古邳镇境内）。北魏郦道元《水经注·沂水》："一水径城东，屈从县南，亦注泗，谓之小沂水。水上有桥，徐泗间以为圯，昔子房（张良）遇黄石公于圯上，即此处也。"所以称此桥为圯桥。千百年来，圯桥屡毁屡建。

据《史记·留侯世家》记载，圯桥是秦末张良与黄石公相遇并受《太公兵法》之桥。公元前283年，张良不满秦王朝的统治，招募刺客谋刺秦始皇，后因袭击失败，逃亡隐匿下邳，遇上黄石公。黄石公故意脱履，唤张良替他穿上，张良依言为之进履。考验之下，黄石公见张良可塑可造，便将他召唤到这座桥上，将《太公兵书》传授予他。张良获此兵书，投归刘邦，在秦末农民起义战争中运筹帷幄，成为西汉开国元勋，史称"初汉三杰"之一。

6. 升仙桥

升仙桥
（唐）岑参

长桥题柱去，犹是未达时。
及乘驷马车，却从桥上归。
名共东流水，滔滔无尽期。

这是挂在诗人眼角眉梢的升仙桥。它位于四川成都北门外，原为木桥，现已无存。

升仙桥的故事，在后世广为流传。有一天，汉武帝在长安的宫殿里偶然读到司马相如的《子虚赋》，认为这是天下难得的好文章，因此就拍着桌子大声叫道："可惜啊，若是写作此赋的人与朕同时代就好了，朕也好虚心请教！"原来，汉武帝以为司马相如是已经作古的前人，因此发出了生不逢时的感慨。恰巧当时宫中有个专门负责养狗的太监杨得意，也是成都人，跟司马相如认识。听汉武帝如此欣赏司马相如的才华，就举荐说作《子虚赋》的人还在，如今住在成都。汉武帝一听立即召见司马相如。消息传到成都，所有认识他的人都很高兴。邛崃县令王吉派来车马接司马相如。传说，司马相如离开成都进京之前，曾经从北门的一座石桥经过，面对即将离别的妻子和前来送行的官员，司马相如指天发誓："我这次赴京，不乘坐高车驷马，决不回故乡见父老乡亲。"

司马相如很快来到京城，跟汉武帝相见甚欢，他的才华得到汉武帝的赞赏和推崇。汉唐之初，武帝欲对匈奴开战，首先想到了要把西南后方摆平。为广集兵力和运输通畅，派大将唐蒙为中郎将，从巴符关入西南。唐蒙从巴蜀进夜郎，用大量财宝诱使夜郎国归降了汉朝。夜郎附近其他小国也都听了唐蒙的约束。但通过贿赂收买小国的方法并非长治久安之计，西南的夜郎、滇等属国时降时叛。后来，唐蒙又强行拉丁派款，横征暴敛的做法，引起巴蜀民众的惊恐，险些激成民变，造成新的边乱。这使得汉武帝大为不满，便诏命熟悉西南各地民情的司马相如回到成都问责唐蒙，并安抚蜀中百姓。司马相如的《谕巴蜀檄》就是他受命后代朝廷拟就的一篇政治宣言。一方面说明唐蒙"发军兴制"等举措并非朝廷的意思，另一方面又规劝巴蜀官民理解和支持"通西南夷"的行动。司马相如积蓄已久的政治才智凭借这篇政论性的文章喷薄而出，表现出统治天下的大汉声威。行文虽不免虚夸，却有很强的感染力、说服力，文势气魄洋洋洒洒，极尽赋家铺排之风。檄文一出，立即达到了安定人心的目的。武帝十分对此赞许，命他全权代表朝廷处理西南问题。相如衣锦还乡，"蜀人以为宠"。他真的驷马高车回到了成都，当地官员顶礼膜拜，特意把原来那座升仙桥加宽为五丈五孔的大桥，成都县令以上的官员身背弓矢，手拿小锣，为司马相如鸣锣开道。升仙桥从此被人们称作了驷马桥。

司马相如来到成都后，深入西南各少数民族地区，与当时的少数民族部落广泛交往，排除关隘，促进了中原地区与西南边区的和睦相处、经济联系和文化往来。所取得的成绩，意义重大，影响深远，其价值不亚于他著名的文学创作。可以说，司马相如揭开了西部开发和川人自省的序幕，其功不可没。

7. 万里桥

万里桥
（唐）岑参

成都与维扬，相去万里地。
沧江东流疾，帆去如鸟翅。
楚客过此桥，东看尽垂泪。

这是边塞诗人岑参眼中的万里桥。万里桥位于广西兴安县城东门外灵渠上，为一座单拱石桥，以长方条石错缝围砌，是兴安最古老的一座石桥，也是广西现存最古老的石拱桥。历史上被称为"楚越要津"。据说此桥距唐朝京师长安万里，故名万里桥。

万里桥原来无桥亭，明洪武初年，兴安知县曾孔传于桥上增建桥亭，万里桥开始成为一座可避风雨的风雨桥。万里桥位于城市中心，人来人往终日不绝，灵渠两岸桃柳夹岸，桃红柳绿相映成趣。人们喜欢在这个地方流连、观赏、小憩，路经兴安的文人墨客也爱到此游览，留下诗文墨迹。

现在所看到的万里桥为1985年重建。桥面平直，上建四角八柱亭，单檐歇山顶，翘角，混凝土仿木结构，覆盖绿色琉璃瓦，天棚彩绘飘海图。桥全长15.2米，桥面长7.45米，宽6米，距离水面4.55米，跨径6米。桥面两侧立条石护栏，桥亭上方悬挂有著名作家魏巍书题的"万里桥"。现在的灵渠两岸，桃柳已经很少了，代之以桂花、夹竹桃等树种，景观更为优美，万里桥也更为热闹。游览灵渠的人们都愿意到万里桥上走一走，看看古渠之风貌。所谓"步行一万里，纵观二千年"，还是别有情趣的。

8. 皋桥

皋桥
（唐）李绅

伯鸾憔悴甘飘寓，非向嚣尘隐姓名。
鸿鹄羽毛终有志，素丝琴瑟自谐声。
故桥秋月无家照，古井寒泉见底清。
犹有余风未磨灭，至今乡里重和鸣。

这是诗人眼中无比沉重的皋桥。皋桥是江苏省太仓市城厢镇的一座古桥,跨致和塘,建于元统二年(公元 1334 年),原名兴福桥,又名高桥,为单孔石拱桥,桥长 15.05 米,宽 4.27 米,高 4.4 米。皋桥的正中地幅一侧刻有八卦图案,拱石上还刻有花卉。早年桥身上长有枸杞等多种小树,平添古意。唐代诗人皮日休也告诉了我们一个不一样的皋桥:"皋桥依旧绿杨中,闾里犹生隐士风。唯我到来居上馆,不知何道胜梁鸿。"

8.4 住在诗词里的桥

凡是文人墨客足迹所到之处,一山一水、一草一木、一亭一台、一桥一溪,许多景都会被关注。因景生情,便会有诗文喷涌而出,被人们传播。其中有名自是幸运,无名同样让人怜惜。况且,对于桥来说,名字传世与否,并不妨碍桥的功能。特别是一些小桥,建造之初或许根本没有什么名字,就那样默默地藏于天地间、溪流上、山川里、村舍旁,任由人们来来往往,方便了人们的生活,也见证了相遇与离别的欢乐和伤痛。特别对于远离故乡的旅人,桥畔惜别,渐行渐远的身影更多了一份唏嘘和感慨。

天净沙·秋思
(元)马致远

枯藤老树昏鸦,小桥流水人家,古道西风瘦马。夕阳西下,断肠人在天涯。

这是一座无名的小桥。在马致远笔下,一笔带过,没有结构,没有形状,具体是什么材质建造的也都没有说明。但作为桥的存在,它安放的是寂寞的等待,连接的是断肠人希望的远方。这座小桥只是千千万万座无名小桥的化身,却写满奔波与疲倦,相思与伤痛。

商山早行
(唐)温庭筠

晨起动征铎,客行悲故乡。
鸡声茅店月,人迹板桥霜。
槲叶落山路,枳花明驿墙。
因思杜陵梦,凫雁满回塘。

这是商山那座不知名的木板桥。桥上微微的白霜和依稀的足迹,呈现出一幅旅途中寒冷凄清的早行画面。"莫道君行早,更有早行人。"板桥无言,霜叶有意,让孤独的旅人,踏上行程时有了无限思绪。

西江月·夜行黄沙道中

(宋)辛弃疾

明月别枝惊鹊,清风半夜鸣蝉。

稻花香里说丰年,听取蛙声一片。

七八个星天外,两三点雨山前。

旧时茅店社林边,路转溪桥忽见。

这是江西上饶乡野间的一座溪桥。在辛弃疾眼里,这座不知名的小桥是有温度的,有色彩的。虽然未说出名字,但却是联络乡野人家的感情桥,是洋溢着浓浓丰收喜悦的乡土桥,也是旅人心中熟悉而温暖的故乡桥。

杨柳枝 / 柳枝词

(唐)刘禹锡

清江一曲柳千条,二十年前旧板桥。

曾与美人桥上别,恨无消息到今朝。

这是跨越清江的木板桥。二十年前板桥上发生了一件令人难忘的旧事。如今睹物思人,清江水迤逦而来,江边翠柳依然随风轻舞。板桥还在,相别画面仿佛就在眼前,不曾忘记。而当年的美人却不知所踪,这样的思念怎不让人感怀!

菩萨蛮

(宋)黄庭坚

半烟半雨溪桥畔,渔翁醉着无人唤。

疏懒意何长,春风花草香。

江山如有待,此意陶潜解。

问我去何之,君行到自知。

这是诗人笔下的溪畔小桥(图8-7)。氤氲迷蒙的山岚水雾中,是烟是雨,叫人难以分辨。溪边桥畔,一渔翁正在醉酒酣睡,四周阒无声息,没有人来惊破他的好梦。在诗人眼里,眼前的桥已不重要,有轻柔的春风送来花草的芳香,有闲适、安逸的生活,有大好的江山。

这份自在陶渊明能够理解,已然足矣。

图 8-7

溪畔小桥

绝句

(宋)志南

古木阴中系短篷,杖藜扶我过桥东。

沾衣欲湿杏花雨,吹面不寒杨柳风。

这是诗人在微风细雨中走过的小桥。小桥东边满满的诗情画意:杏花如烟,杨柳如线,细雨如酥,和风如丝,均是最美的景致。在诗人志南心里,桥分明就是欣赏春色、通向快乐的通道。在这里,桥已经无形,它就是一个知心明理的朋友。

雨过山村

(唐)王建

雨里鸡鸣一两家,竹溪村路板桥斜。

妇姑相唤浴蚕去,闲看中庭栀子花。

这是小山村里的木板桥。雨润山村,一片生机勃勃。竹溪村路木板桥,连接着山村的雨中气象。所见情景,极具诗意,又充满劳动生活的气息,小雨淅淅沥沥下着,小鸡叽叽喳喳的叫着,妇姑奔走着相互召唤着,由近而远的脚步声在木板桥上杂沓响起,让人对乡村生活充满爱恋和向往,细细品味,仿佛置身于这样富有生气的小山村里。

参考文献

[1] 茅以升. 桥话 [N]. 人民日报，1963.

[2] 朱尔玉，刘磊. 桥梁文化与美学 [M]. 北京：北京交通大学出版社，2019.

[3] 林长川. 桥梁设计美学 [M]. 北京：中国建筑工业出版社，2014.

[4] 唐寰澄. 中国木拱桥 [M]. 北京：中国建筑工业出版社，2010.

[5] 唐寰澄. 世界桥梁趣谈 [M]. 北京：北京出版社，2016.

[6] 李亚东. 亚东桥话 [M]. 北京：人民交通出版社，2018.

[7] 吴礼冠. 匠心桥饰——图像中国古代桥梁装饰艺术 [M]. 北京：中国建筑工业出版社，2018.

[8] 项海帆，潘洪萱，张圣城等. 中国桥梁史纲（新版）[M]. 上海：同济大学出版社，2013.

[9] 唐寰澄. 桥梁的故事 [M]. 北京：北京出版社，2021.

[10] 唐寰澄. 桥梁美的哲学 [M]. 北京：中国铁道出版社，2000.

[11] 徐利平. 城市桥梁美学创作 [M]. 上海：同济大学出版社，2017.

[12] 陈璞. 多姿的桥梁 [M]. 长春：北方妇女儿童出版社，2017.

[13] Jaime, Catherine McGrew. In Art: Bridges [M]. Createspace Independent Publishing Platform，2014.

[14] 张雷. 桥梁之道中国哲学思想对桥梁工程的启迪 [M]. 北京：中国铁道出版社，2021.

[15] 陈从周. 陈从周说桥 [M]. 北京：社会科学文献出版社，2022.

[16] 王蔚秋. 说桥 [M]. 上海：同济大学出版社，2011.

[17] 何旭辉，杨雨. 诗话桥 [M]. 长沙：中南大学出版社，2021.

[18] 刘古岷，陈小兵. 新世纪桥梁建筑艺术赏析 [M]. 南京：东南大学出版社，2011.

[19] 和丕壮. 桥梁美学 [M]. 北京：人民交通出版社，1999.

[20] 林长川，林琳. 桥梁设计美学 [M]. 北京：中国建筑工业出版社，2014.

[21] 盛洪飞. 桥梁建筑美学 [M]. 北京：人民交通出版社，2009.

[22] 朱尔玉. 桥梁文化与美学 [M]. 北京：北京交通大学出版社，2019.

[23] 朱哲莹. 谈桥梁建筑艺术的表现性与象征性 [J]. 山西建筑，2019，45（13）：133-135.

[24] 刘龙. 桥梁艺术的内涵 [J]. 风景名胜，2018（12）：88.

[25] 李艳. 山地城市桥梁生态美学探究 [M]. 重庆：重庆大学出版社，2020.

[26] 任政. 中国古代桥梁的魅力与审美 [J]. 大众文艺，2020（23）：56-57.

[27] 陈康. 看中国古代桥梁：感受工匠大智慧 [J]. 学与玩，2019（3）：18-20.

[28] 王琬婷，孙楷强. 浅析中外古代桥梁对比 [J]. 艺术科技，2018，31（10）：221.

[29] 唐寰澄. 中国科学技术史·桥梁卷 [M]. 北京：科学出版社，2000.

图片说明

本书部分图片购买自：摄图网、视觉中国素材中心、摄图·新视界、新片场素材；图1-5、图1-8引自《桥》（唐寰澄著，中国铁道出版社1981年出版）；图2-3、图2-5、图2-7、图2-8、图2-10、图3-4～图3-7引自《中国科学技术史·桥梁卷》（唐寰澄著，科学出版社2000年出版）；图2-9引自《世界桥梁趣谈》（唐寰澄著，北京出版社2016年出版）；图2-11、图2-12引自北京茅以升科技教育基金会古桥委员会学术著作《西出阳关有古桥：源自甘肃的古代伸臂木梁桥》；图5-6～图5-14、图6-2～图6-17、图6-19～图6-25、图6-29、图6-36、图8-6引自《亚东桥话》（李亚东著，人民交通出版社股份有限公司2018年出版），其余为作者自摄/自绘。在此诚谢图片原作者。